O CARÁTER IMPULSIVO

Wilhelm Reich

O CARÁTER IMPULSIVO

UM ESTUDO PSICANALÍTICO DA PATOLOGIA DO EGO

Tradução
MAYA HANTOWER

Revisão da tradução
LENITA ANANIAS DO NASCIMENTO

Revisão técnica
RICARDO AMARAL REGO

wmf **martinsfontes**

SÃO PAULO 2019

Título do original inglês: THE IMPULSIVE CHARACTER in EARLY WRITINGS VOL. ONE publicado por Farrar, Straus & Giroux Book Publishers.
Publicado originalmente como DER TRIEBHAFTE CHARAKTER.

Copyright © 1970 by Mary Boyd Higgins como Trustee of The Wilhelm Reich Infant Trust Fund, renovado em 2003 by The Wilhelm Reich Infant Trust para a versão inglesa em tradução de Philip Schmitz.
Publicado através de acordo com Farrar, Straus and Giroux, LLC, Nova York.

Copyright © 2008 by Wilhelm Reich Infant Trust para a tradução portuguesa.

Copyright © 2009, Livraria Martins Fontes Editora Ltda., para a presente edição.

1ª edição *2009*
2ª tiragem *2019*

Tradução
MAYA HANTOWER

Revisão da tradução
Lenita Ananias do Nascimento
Revisão técnica
Ricardo Amaral Rego
Acompanhamento editorial
Luzia Aparecida dos Santos
Revisões gráficas
Daniela Lima
Ivani Aparecida Martins Cazarim
Dinarte Zorzanelli da Silva
Produção gráfica
Geraldo Alves
Paginação
Moacir Katsumi Matsusaki

Dados Internacionais de Catalogação na Publicação (CIP)
(Câmara Brasileira do Livro, SP, Brasil)

Reich, Wilhelm, 1897-1957.
 O caráter impulsivo : um estudo psicanalítico da patologia do ego / Wilhelm Reich ; tradução Maya Hantower ; revisão da tradução Lenita Ananias do Nascimento ; revisão técnica Ricardo Amaral Rego. – São Paulo : Editora WMF Martins Fontes, 2009.

 Título original: The impulsive character. In early writings. Volume one.
 Bibliografia
 ISBN 978-85-7827-044-5

 1. Caráter impulsivo 2. Orgasmo 3. Orgonomia I. Rego, Ricardo Amaral. II. Título.

	CDD-616.8917
08-06816	NLM-WM 460

Índices para catálogo sistemático:
1. Caráter impulsivo : Psicanálise : Medicina   616.8917

Todos os direitos desta edição reservados à
Editora WMF Martins Fontes Ltda.
Rua Prof. Laerte de Carvalho, 133 01325-030 São Paulo SP Brasil
Tel. (11) 3241.3677 e-mail: info@wmfmartinsfontes.com.br
http://www.wmfmartinsfontes.com.br

O amor, o trabalho e o conhecimento são a fonte de nossa vida. Devem também governá-la.

WILHELM REICH

Sumário

Introdução IX

Observações gerais sobre os tipos de caráter neurótico e impulsivo 3
Ambivalência e formação do superego no caráter inibido 17
Ambivalência e formação do ego no caráter impulsivo 45
Isolamento do superego 71
Alguns comentários sobre o processo de projeção esquizofrênica e cisão histérica 101
Dificuldades terapêuticas 109

Introdução

Não temos hoje uma teoria psicanalítica do caráter sequer parcialmente sistemática. A própria natureza da metodologia psicanalítica requer que os fenômenos sejam primeiro examinados separadamente, não só em análises individuais, mas também em todo o campo da psicopatologia. Só depois ela sintetiza os resultados isolados e, subseqüentemente, avança para teorias de validade geral. O pré-requisito de uma caracterologia psicanalítica deve ser o conhecimento exato dos mais detalhados mecanismos do desenvolvimento psíquico, uma exigência que estamos longe de conseguir satisfazer. Embora os elementos mais essenciais da teoria do desenvolvimento sexual pareçam coerentes, eles não permitem uma suficiente compreensão caracterológica da personalidade. Porém, qualquer pessoa bem familiarizada com os desenvolvimentos da psicanálise, em especial com os escritos de Freud sobre este assunto, e que seja capaz de utilizá-los em sua própria experiência como analista e analisando, perceberá que as dinâmicas do ego são mais difíceis de compreender que as dinâmicas do desenvolvimento sexual.

Como Freud enfatizou repetidas vezes em seus trabalhos principais e em 1923, em *O ego e o id*, a psicanálise tem evitado escrupulosamente abordar a personalidade de um paciente com teorias rígidas, pré-construídas. Em princípio, concentrou-se na compreensão genética, uma espécie de embriologia da psique, que requer o caminho mais longo e árduo do exame detalhado. Isso influenciou profundamente a terapia, pois a cura analítica implica, em primeiro lugar, reconhecer e compreender os desenvolvimentos imperfeitos e, depois, até onde for possível, aplicar essa compreensão para corrigi-los. Desse modo, a terapia psicanalítica está neste momento exatamente tão inconclusiva quanto sua teoria. O pressuposto ideal seria a completa compreensão da origem e do desenvolvimento do caráter do paciente.

Há muito tempo a psicanálise deixou de ser apenas uma terapia do sintoma; ao contrário, ela vem se tornando cada vez mais uma terapia do caráter como um todo. Essa mudança pode ser atribuída à descoberta inicial de Freud de que o fator essencial do trabalho analítico não consiste em deduzir o significado inconsciente de um sintoma e comunicá-lo ao paciente, mas em reconhecer e eliminar a resistência[1]. Contudo, há na resistência dois elementos fundamentais que se expressam com regularidade. Primeiro, toda resistência contém o que está recalcado devido à situação analítica e, concomitantemente, o próprio recalque que oferece resistência. Segundo, além desses elementos específicos, ou conteúdos, existe uma forma especial de resistência; isto é, toda resistência se vale, por assim dizer, da personalidade inteira, que lhe confere seu caráter específico. Desse modo, a defesa contra

---

1. Ver *Zur Geschichte der psychoanalytischen Bewegung* (1914) / "The History of the Psychoanalytic Movement" [A história do movimento psicanalítico], *Psychoanalytic Review* (1916). Publicado no vol. XIV da *Edição Standard Brasileira das Obras Psicológicas Completas de Sigmund Freud*, Imago. (N. do R. T.)

uma resistência transferencial de base incestuosa contém os mesmos elementos tanto num caso de neurose compulsiva quanto numa histeria, porém com uma forma inteiramente diferente, coerente com o caráter compulsivo ou histérico. No início, a compreensão desses elementos pode ser suficiente para realizar as tarefas analíticas mais urgentes, e a observação do modo como se manifesta a personalidade do paciente na resistência deste não tem importância. No entanto, quando se vai além da análise do sintoma, reconhecer-se-á que não é a mera remoção analítica de sintomas, mas a base da reação neurótica – a saber, o caráter neurótico – que adquire importância proeminente. Para obter uma cura genuína, em que a recaída esteja fora de cogitação, a análise do caráter deve substituir a análise do sintoma. Só recentemente, porém, a análise do caráter passou a ser a questão central da pesquisa analítica; e isso não ocorreu *expressis verbis*[2]. Ferenczi e Rank[3] dão ênfase especial à importância de analisar o comportamento neurótico e criticam o método, praticado no passado de modo quase exclusivo, de analisar o sintoma ou o complexo. Todavia, ao destacar a necessidade de compreender o paciente principalmente por suas ações, parece que eles dão menos atenção às memórias do paciente, o que Freud sempre priorizou. A análise do comportamento neurótico certamente constitui o ponto central de ataque na análise do caráter e, sem dúvida, em grau muito maior do que na "análise da memória", porque a postura geral e as peculiaridades do caráter se expressam de modo mais claro nas ações. Contudo, as

---

2. Nesse meio tempo, foi publicado um trabalho altamente instrutivo em que se considera realmente necessária a análise do caráter. Ver Karl Abraham, *Psychoanalytic Studies on Character Development* [Estudos psicanalíticos sobre o desenvolvimento do caráter] (1925).

3. *Entwicklungsziele der Psychoanalyse* (1923) / *The Development of Psychoanalysis* [O desenvolvimento da psicanálise] (1925).

ações em si não se prestam facilmente à interpretação analítico-genética sem as memórias correspondentes, ou seja, sem a reconstrução analítica das fontes do comportamento. Por outro lado, a experiência mostra que os pacientes que atuam (*act out*) sua neurose tendem a não se deixar afetar pela influência terapêutica, não obstante o trabalho intensivo com memórias.

Freud foi o primeiro a formular os fragmentos de uma caracterologia psicanalítica na descrição do "caráter erótico-anal"[4], mais tarde aperfeiçoada em muitas obras, notadamente por Jones[5] e Abraham[6]. Demonstrou-se que as pulsões primárias participam da formação dos traços de caráter. Parcimônia, senso de ordem, pedantismo, asseio, rancor e outros traços foram reconhecidos como derivados diretos não neuróticos do erotismo anal. O que leva uma pulsão primária a transformar-se em sintoma neurótico em um caso e em traço de caráter em outro? Trata-se, ainda, de um problema sem solução. Esta questão está implícita no reconhecimento de que as pulsões eróticouretrais causam os sintomas neuróticos da ejaculação precoce (Abraham) e da enurese noturna (Freud, Sadger, Stekel) em um caso, ao passo que, em outro, elas contribuem para o ciúme, que deve ser qualificado como traço de caráter, e não sintoma. Esse mesmo problema fundamental se aplica também ao papel do sadismo no caráter compulsivo, um tipo mais transparente do ponto de vista caracterológico do que, por exemplo, o histérico. Além disso, não está claro por que motivo o fenômeno universal da compulsão à repetição[7], isto é, a compulsão a experimentar determinadas situações repetidamente, preva-

---

4. *"Charakter und Analerotik"* [Caráter e erotismo anal] (1908).
5. "Anal Erotic Character Traits" [Traços de caráter erótico-anais], *Journal of Abnormal Psychology* (1918).
6. "Contributions to the Theory of the Anal Character" [Contribuições para a teoria do caráter anal], *International Journal of Psycho-Analysis* (1923).
7. Freud, *Além do princípio do prazer* (1922). Esta obra de Freud foi na verdade publicada originalmente em 1920. (N. do R. T.)

lece como traço de caráter apenas em certos casos e parece não exercer o papel pertinente à sua natureza biológica em outros. Há caracteres neuróticos sem sintomas neuróticos, e há neuroses sintomáticas em que o caráter, isto é, a personalidade como um todo, não é essencialmente patológico.

Todos esses problemas pertencem à esfera de uma caracterologia psicanalítica, a premissa metodológica segundo a qual haveria uma psicologia analítica comparativa de natureza semelhante à embriologia comparada.

O analista médico bem pode experimentar satisfação crescente ao compreender os sintomas, rastrear os traços de caráter individuais até suas origens e praticar uma terapia da causa. Todavia, nunca deve enganar-se com relação à ausência de uma caracterologia sistemática, ausência essa sentida de forma ainda mais aguda quando a experiência terapêutica começa a indicar forçosamente a importância preponderante da análise do caráter.

O ego e o id de Freud pode ser considerado a pedra angular de uma futura caracterologia de base psicanalítica. No limiar da compreensão caracterológica da personalidade encontra-se o fenômeno da identificação:

> O caráter do ego é um precipitado de catexias objetais abandonadas... Desde então viemos a saber que esse tipo de substituição [identificação por relação objetal] tem grande parte na determinação da forma tomada pelo ego, e efetua uma contribuição essencial no sentido da construção do que é chamado de seu caráter.

Esse indispensável processo de desenvolvimento também pode se estruturar patologicamente:

> Se elas [as identificações objetais] levam a melhor e se tornam numerosas demais, indevidamente poderosas e incom-

patíveis umas com as outras, um resultado patológico não estará distante. Pode ocorrer uma ruptura do ego, em conseqüência de as diferentes identificações se tornarem separadas umas das outras através de resistências; talvez o segredo dos casos daquilo que é descrito como "personalidade múltipla" seja que as diferentes identificações apoderam-se sucessivamente da consciência. Mesmo quando as coisas não vão tão longe, permanece a questão dos conflitos entre as diversas identificações em que o ego se separa, conflitos que, afinal de contas, não podem ser descritos como inteiramente patológicos.

Freud faz em seguida a diferenciação entre ego e superego (ideal do ego). O superego representa o produto real colocado no lugar do objeto, o ego se submete ao superego e também se oferece a ele como objeto amoroso, agindo como agiu com os pais num estágio anterior. O superego, porém, tem "duas faces": não somente afirma que "você será assim (como seu pai)", como também adota um tabu: "você não pode ser assim (como seu pai), o que significa que você não pode fazer tudo o que ele faz; algumas coisas são prerrogativas dele". Desse modo, Freud criou um quadro de referência para pesquisas posteriores. A questão da influência das zonas erógenas na formação do ideal do ego, particularmente, ficou em aberto em *O ego e o id* e tem relação muito íntima com a questão das relações objetais especificamente erógenas.

Os pontos a seguir são de importância decisiva na formação final de caracteres patológicos, bem como de caracteres voltados para a realidade:

1. Que atitudes da personalidade parental a criança assimilou: (a) como ideal do ego positivo, ou (b) negativo.

2. Se a formação do ideal do ego nos meninos seguiu principalmente o padrão do pai ou o da mãe (o mesmo se aplica às meninas) e quais foram as qualidades do protótipo para o ideal do ego.

3. Em que estágio do desenvolvimento da libido ocorreu uma identificação efetiva. O determinante específico da forma do caráter deve ser buscado[8] na interação entre o desenvolvimento do ego e o desenvolvimento sexual e a ela relacionado temporalmente (por exemplo, se ocorreu uma identificação efetiva na fase genital ou anal).

4. As condições em que ocorreu a realização das exigências do ideal do ego, visto que, à parte o ego real, que representa a soma das exigências do ideal do ego que foram satisfeitas (isto é, ser tal pessoa), permanece uma série de exigências do ideal do ego que ainda não foram realizadas (*querer* ser tal pessoa). Sabemos que a tensão entre o ego real e o superego, entre ser tal pessoa e *querer* ser tal pessoa – ou melhor, não estar autorizado a ser tal pessoa –, está na raiz de muitas doenças.

5. Deve-se considerar que um ego-prazer primitivo está presente muito antes de se realizar qualquer identificação e que sua atitude para com a identificação é crucial para o sucesso.

Embora a ambigüidade brevemente apresentada aqui se esclareça pela consideração caracterológica de cada análise, são muito grandes as dificuldades para chegar a uma compreensão melhor, mesmo em casos não complicados de neurose de transferência branda. Mais bem adaptados a essa tarefa são os casos que apresentam defeitos flagrantes na estrutura do ego, em que as pessoas estão continuamente em conflito com o mundo externo e aparentemente nunca se aventuraram além dos primeiros estágios de identificação ou formação do superego. Os neuróti-

---

8. Freud já mencionou em *Três ensaios sobre a teoria da sexualidade*: "Não pode ser a mesma coisa se determinada corrente chega a aparecer mais cedo ou mais tarde que uma corrente que flui na direção oposta (...) as divergências na seqüência temporal em que os componentes se unem invariavelmente produzem uma diferença no resultado." Assim, é importante encontrar agora desvios típicos do curso temporal normal do desenvolvimento e correlacioná-los com determinados resultados patológicos.

cos que são caracteristicamente sujeitos à compulsão à repetição, os criminosos intermitentes anti-sociais, que complicam ou destroem sistematicamente sua própria existência e permanecem totalmente infantis no ego, se adaptam melhor ao estudo da formação do ideal do ego *in statu nascendi*. Esses também oferecem pontos de referência valiosos para a compreensão analítica das anomalias de caráter menos graves, embora sejam distorções gritantes dessas últimas. Esses tipos desinibidos, dominados pelas pulsões, formam uma categoria própria, que até o momento só foi abordada psicanaliticamente por Alexander[9] e Aichhorn[10]. O fato de representarem uma nova fronteira psicanalítica, por assim dizer, deve certamente se originar na sua má adaptação ao tratamento ambulatorial. Em geral, eles não apresentam percepção efetiva de sua doença e, quando de fato começam uma análise, costumam ter muita dificuldade para aprender a utilizar esse instrumento delicado. Todas essas questões serão discutidas posteriormente. Os casos que aqui relato foram selecionados, na maioria, de graves neuroses de caráter, cujo tratamento decidi deliberadamente empreender na Clínica Psicanalítica de Viena para Pacientes Ambulatoriais. Não me é possível abrir mão de uma apresentação abreviada de alguns casos reais, embora saiba que isso implica ter de lidar com suas limitações eventuais. A publicação desses casos justifica-se também pelo motivo de que a mera descrição das experiências dos pacientes será suficiente para revelar ao analista seus aspectos mais importantes e específicos, mesmo sem a interpretação habitual.

Desse modo, meus esforços caminharão simultaneamente em duas direções, que acabarão convergindo. Uma discus-

---

9. "Kastrationcomplex und Charakter: eine Untersuchung über passagere Symptome" [Complexo de castração e caráter: um exame de sintomas de passagem], *Internationale Zeitschrift für Psychoanalyse* (1922).

10. "Über die Erziehung in Besserungsanstalten" [Educação em escolas disciplinares], *Imago* (1923).

são especial do estado patológico que denominarei, com Alexander, o "caráter impulsivo" (até agora subestimado do ponto de vista psicanalítico) correrá em paralelo com uma investigação do desenvolvimento do caráter com base nesse material. Não estou tentando de modo algum formular uma caracterização sistemática, que jamais pode ser alcançada pelo método indutivo, empírico, da psicanálise. Terei de me contentar em assinalar alguns desenvolvimentos defeituosos típicos na formação do caráter, utilizando como base os mecanismos mais bem conhecidos do desenvolvimento psicossexual.

O CARÁTER IMPULSIVO

Observações gerais sobre os tipos de caráter neurótico e impulsivo

Ao sondar um território inexplorado pela psicanálise, é prudente arriscar-se partindo de manifestações de distúrbios psíquicos já inteiramente compreendidas. Como premissa fundamental, pode-se ter em mente o que a psicanálise demonstrou tão claramente: que não há limites distintos entre vários tipos de doença e sintomas patológicos, nem mesmo entre os conceitos de "normal" e "patológico". A abordagem de um problema a partir do "normal" é fadada ao fracasso, porque a dinâmica e a gênese do estado psíquico normal, se é que este chega a existir, é um problema muito maior do que, por exemplo, os mecanismos conhecidos de um sintoma histérico. Ainda assim, justifica-se a tentativa de diferenciar, separar um estado patológico ou tipo de doença de outro ou do que é "saudável", em virtude do fato de que diversos mecanismos centrais resultantes das diferenças da composição do material causador de conflitos psíquicos constituem uma doença ou outra, mas pertencem igualmente ao estado normal. É um juízo de valor considerar que uma constelação específica promove a capacidade de funcionar na realidade (não temos atualmente melhor definição de saúde mental), e abstraímos esse juízo de valor das exigências de nossa própria comunidade cultural. Quando correlacionamos as patologias individuais umas com as outras, é diferente. Na verdade, não importa se consideramos que o caráter neurótico, o impulsivo e o psicopático são estados entre a saúde e a psicose (como a psiquiatria clínica costuma supor) nem se "todo caráter neurótico porta dentro de si o núcleo de uma neurose específica", como formulou Alexander, constituindo por isso uma condição intermediária entre a saúde e a neurose. Depende do ponto de vista a partir do qual abordamos o problema e da vantagem que esperamos obter com essa classificação. Assim, não atribuímos importância especial à posição assumida neste ensaio, a saber, de que o caráter impulsivo encontra-se entre o sintoma neurótico e o psicótico no que diz respeito a determinados mecanismos específicos. Alexander define o caráter neurótico como o tipo de pessoa "que não sofre de nenhum sintoma patológico acentuado, mas exibe um comportamento na vida visivelmente permeável às pulsões pelo impulso, chegando muitas vezes a agir por compulsão, e é governado por tendências inconscientes particularmente intensas". Ele prossegue dizendo que "um grupo de caracteres neuróticos, determinados tipos de criminosos impulsivos", sofrem de "uma falta de... reações de defesa". Alexander está certo ao assinalar a emergência de sintomas transitórios nesses pacientes quando, na análise, são submetidos às pressões da negação. Ele se pergunta "se a pressão exercida pelo fator causador da neurose – a estase da libido – não é forte bastante para encontrar liberação através de novos canais, em novos sintomas, ou se o mecanismo de defesa de todo o organismo – o recalque – não tem poder suficiente para impedir a realização da satisfação genuína em sua plenitude".

Nessa forma, o problema não está apresentado corretamente. Na análise dos caracteres impulsivos, encontram-se casos de amnésia que têm todos os sintomas presentes na típica amnésia histérica. Outros mecanismos de recalque, tais como a fragmentação de experiências geneticamente relacionadas, sentimentos de culpa deslocados e defesa como reação a tendências destrutivas, são pelo menos tão intensos no caráter impulsivo quanto na compulsão neurótica (isto será demonstrado mais adiante). Daí não se poder falar de fraqueza de recalques particulares, mas do que causa a falta de defesa. Esta será a questão central da discussão. Examinaremos os mecanismos de recalque em busca dos defeitos que possibilitam a ocorrência de ações que nunca chegariam à mobilidade numa simples neurose de sintoma.

Quanto à observação de Alexander de que "todo caráter neurótico porta dentro de si o núcleo de uma neurose específica", devo assinalar que, na verdade, há pouquíssimos casos que não apresentem pelo menos um sintoma neurótico localizado. Assim, embora o caso que Alexander publicou pertença ao grupo de neuroses de caráter sem sintomas, a ampla maioria dos caracteres impulsivos exibe uma infinidade de sintomas, tais como fobias, ações e rituais compulsivos, ruminação compulsiva, além da motivação por impulso, que não costuma ser sentida como parte da doença (nas neuroses de caráter em mulheres, predominam em especial todas as formas conhecidas de sintomas de conversão). A sintomatologia desses neuróticos caracteriza-se pela natureza grotesca de seus sintomas; poder-se-ia até chamá-los de distorções patológicas de traços da classe média. O pensamento compulsivo de matar o filho ou o amigo, do modo que é concebido pelo neurótico simples, parece banal e inócuo comparado ao ímpeto compulsivo de um indivíduo impulsivo para assar lentamente o próprio filho no fogo. Já não se pode falar de ímpeto compulsivo (apesar das semelhanças estruturais) quando uma paciente minha encontra seu maior prazer em atear fogo em todos os seus apetrechos domésticos e berrar com o filho, segurando um fósforo aceso na mão. Como parece branda a tendência passiva à castração de um paciente que sofre da compulsão para perder objetos da vida diária ou trocá-los de lugar, quando comparada aos atos compulsivos de uma paciente que foi compelida a provocar sangramento profuso nos órgãos genitais para alcançar satisfação ao masturbar-se e feriu gravemente o colo do útero com uma lâmina de faca, causando finalmente o prolapso do útero. Assim, tais pacientes não demonstram falta de sintomas neuróticos localizados, mas, sim, um fator adicional que não está presente na simples neurose de sintoma. Isso não só revela as diferenças que opõem este quadro à conversão clássica ou à histeria de angústia e neurose compulsiva, como também deixa muito próximos da esquizofrenia um número considerável de indivíduos impulsivos. Ações impulsivas grotescas dessa natureza não são raras na anamnese de esquizofrênicos. Um caso a ser relatado posteriormente demonstrará a dificuldade de decidir quanto ao diagnóstico de esquizofrenia ou neurose de transferência, mesmo depois de meses de tratamento psicanalítico.

Há um ponto essencial em que os casos que estou usando diferem dos de Alexander, o que mostra haver uma boa razão para as discrepâncias de nossas conclusões. Eu emprego a expressão "caráter impulsivo" quando a personalidade é dominada por ações e padrões comportamentais com respeito ao mundo externo que são ditados pela compulsão à repetição. A questão agora é saber se as ações se manifestam na forma de tendências primitivas sem disfarces ou se foram sujeitas a um vasto processamento secundário e disfarçadas. O caso de Alexander se distinguia por uma necessidade de punição profundamente assentada, que fazia o paciente sempre escolher (inconscientemente) amigos que lhe roubavam dinheiro, até que ele ficou arruinado, financeira e emocionalmente. Era um tipo de pessoa que Freud descreveu em *Além do princípio do prazer*:

> A compulsão que aqui se acha em evidência não difere em nada da compulsão à repetição que encontramos nos neuróticos, ainda que as pessoas que agora estamos considerando nunca tenham mostrado quaisquer sinais de lidarem com um conflito neurótico pela produção de sintomas. Assim, encontramos pessoas em que todas as relações humanas têm o mesmo resultado, tal como o benfeitor que é abandonado iradamente, após certo tempo, por todos os seus *protegés*, por mais que eles possam, sob outros aspectos, diferir uns dos outros, parecendo assim condenado a provar todo o amargor da ingratidão; o homem cujas amizades findam por uma traição por parte do amigo (...) o amante cujos casos amorosos com mulheres atravessam as mesmas fases e chegam à mesma conclusão. Essa "perpétua recorrência da mesma coisa" não nos causa espanto quando se refere a um comportamento *ativo* por parte da pessoa interessada, e podemos discernir nela um traço de caráter essencial, que permanece sempre o mesmo, sendo compelido a expressar-se por uma repetição das mesmas experiências. Ficamos muito mais impressionados nos casos em que o sujeito parece ter uma experiência *passiva*, sobre a qual não possui influência, mas nos quais se defronta com uma repetição da mesma fatalidade.

Os casos que selecionei se caracterizam pelos mesmos "traços de personalidade diabólica", porém as ações e experiências impulsivas são primitivas e permeadas de impulsos masoquistas, sádicos, anais, orais e similares, todos sem disfarces. Por isso, podem existir casos de caracteres impulsivos que apresentam uma dinâmica diferente nos seus conflitos psíquicos, aos quais minha investigação sobre a natureza da falha do recalque não se aplica.

Já começaram a se delinear três perguntas que ocupam nosso interesse no momento:

1. Que semelhanças ou diferenças dinâmicas caracterizam a relação do caráter impulsivo com a simples neurose de transferência? 2. Existem falhas no mecanismo do recalque específicas do caráter impulsivo? 3. Se realmente existirem essas falhas específicas no recalque, estarão elas relacionadas às falhas típicas da esquizofrenia?

Responder à terceira pergunta também nos permitiria dar mais um passo no sentido de compreender a asserção psiquiátrica geralmente aceita de que os "distúrbios de personalidade psicopática" contêm em parte "rudimentos não desenvolvidos de psicoses genuínas" (Kraepelin)[11], em especial a esquizofrenia, ou pelo menos têm com elas uma relação próxima.

Nossa expressão "caráter impulsivo" é bem mais estreita que "distúrbio de personalidade psicopática", como se costuma empregar na literatura psiquiátrica, que geralmente atribui a esse termo um excesso de significados. Fenômenos que também surgem como sintomas em personalidades de resto bem estruturadas são muitas vezes denominados "psicopáticos". Porém, mesmo quando o termo "psicopático" é utilizado de maneira mais restrita, materiais diversificados são incluídos nessa categoria devido à falta de critérios genéticos. Bleuler[12] também considera, com acerto, que toda tentativa de nosologia descritiva será equivocada; jamais passará de um exame dos mecanismos principais. Ele escreve:

> Não se pode distinguir claramente as doenças nesta categoria, seja umas das outras, seja do estado normal... Eu me arrisca-

---

11. *Klinische Psychiatrie* (1916) / *Lectures on Clinical Psychiatry* [Conferências sobre psiquiatria clínica] (1916).
12. *Lehrbuch der Psychiatrie* (1916) / *Textbook of Psychiatry* [Livro didático de psiquiatria] (1923).

ria a dizer que não há distinção alguma; o grau de intensidade e aglomeração necessário para chamar de doente um indivíduo psicopático é inteiramente arbitrário. Ao redor desse grupo – e misturadas a ele – existem vastas zonas de transição em relação a todas as outras doenças nervosas, especialmente a histeria. As tendências paranóides não precisam acabar em paranóia em todos os casos. Sintomas de diversas doenças podem se combinar no mesmo paciente... Em particular, é difícil estarem ausentes anormalidades afetivas e sintomas neuróticos...

Analisando essa avaliação da personalidade psicopática, compreende-se que as categorias a que o próprio Bleuler se refere – o excitável, o instável, o impulsivo, o excêntrico, o mentiroso e trapaceiro, o briguento e o anti-social – mal funcionam como orientação provisória. O erro básico presente em todas as tentativas de classificação semelhantes a essa é que uma característica mais saliente é tomada como critério para o grupo todo e, conseqüentemente, desconsidera, por exemplo, que todo caráter impulsivo, no sentido de Bleuler, é tão instável quanto perverso, e o perverso é um inimigo da sociedade, sendo portanto necessariamente um criador de problemas. As classificações de Bleuler foram emprestadas de Kraepelin, embora Bleuler tenha aperfeiçoado a relação entre determinadas formas de personalidade psicopática e psicose. Liepmann[13] também define a personalidade psicopática como "desvios patológicos do estado mental normal que, em relação às suas características distintivas, não devem ser classificados como psicoses totalmente desenvolvidas, uma vez que carecem dos graves sintomas destas".

A estreita relação entre personalidade psicopática e psicose – principalmente no caso da demência precoce – ocor-

---

13. *Die Beurtleilung psychopathischer Konstitution* [Avaliação da constituição psicopática] (1912).

reu a certos autores, que porém não ampliaram o conceito a ponto de abranger doenças mentais como a histeria sem complicações e a neurose compulsiva. Assim, por exemplo, Kraepelin e Bleuler também separaram a neurastenia da personalidade psicopática, enquanto Schneider[14] classifica a neurastenia no tópico das psicopatias de insegurança, melancólicas e astênicas. Kraepelin se refere a um grupo de psicopatas como os "rudimentos não desenvolvidos de psicóticos genuínos" e a outros como "personalidades desviadas, cujo desenvolvimento foi prejudicado por influência hereditária desfavorável, dano congênito ou efeitos de outras obstruções no início da vida. Quando as deficiências substanciais se limitam às emoções e à vontade, referimo-nos a elas como psicopatas". No que respeita à psicose, Dickhoff[15] descobriu que a hebefrenia, a demência paranóide e em especial a paranóia resultam de peculiaridades psicopáticas. "Algumas psicoses (como a paranóia simples) se baseiam inteiramente ou em grande parte no desenvolvimento contínuo da inferioridade psicopática." "Na inferioridade psicopática de grau mais elevado, ocorrem psicoses de duração e tipo variados com – ou, mais raramente, sem – causa externa, e apresentam pouca regularidade previsível no curso ou na aparência. O prognóstico de casos individuais costuma ser bom, embora a probabilidade de ataques posteriores seja alta."

Vários autores, como Birnbaum[16], Gaupp[17] e Mezger[18], definem a personalidade psicopática em termos muito amplos.

---

14. *Die psychopathischen Persönlichkeiten* [Personalidades psicopáticas] (1923).
15. *Die Psychosen bei psychopathischen Minderwertigen* [Psicoses na inferioridade psicopática] (1898).
16. *Über psychopathischen Persönlichkeiten* [Sobre personalidades psicopáticas] (1909).
17. *Über den Begriff der psychopathischen Konstitution* [Sobre o conceito de constituição psicopática] (1917).
18. *Die abnorme Charakteranlage* [A estrutura de caráter anormal] (1912).

Mezger considera "todo desvio da norma real, toda anormalidade... doente e patológica".

Até agora usei as expressões "caráter impulsivo", "caráter neurótico" e "neurose de caráter" indiscriminadamente. No entanto, devo fazer agora um esforço para esclarecer nossa terminologia – o que não é tarefa simples, haja vista a imprecisão geral do termo "caráter". Nesse empreendimento, tentarei passar incólume entre Cila e Caribde. Por um lado, não desejo cometer o erro infeliz praticado com tanta freqüência nas discussões científicas oficiais dos casos, isto é, perder de vista o fenômeno vivo em decorrência da discussão terminológica. Por outro lado, devo evitar transigir com a confusão empregando uma terminologia de cunho amador. Isso ocorre com igual freqüência e escancara a porta para mal-entendidos. Sem nenhum compromisso e estritamente como uma base para nosso exame, podemos definir "caráter" como a atitude psíquica particular para com o mundo externo típica de um dado indivíduo. Essa atitude, por sua vez, é determinada pela disposição e pela experiência, no sentido da "progressão suplementar" de Freud (*Ergänzungsreihe*). Desse modo, consideramos tipos óbvios de caráter neurótico os indivíduos que apresentam desvios mais ou menos flagrantes com relação a uma norma de comportamento resoluto, cabível tanto à realidade sexual quanto à cultural, bem como em relação ao ajustamento social.

A vivência de lutas e conflitos internos e, por conseguinte, também a incompletude de ações e atitudes, podem ser vistas como uma característica comum a todos os caracteres neuróticos. A psicanálise demonstrou que essas características são conseqüências de um desenvolvimento perturbado e que áreas inteiras da personalidade são deixadas para trás, presas a fixações em estágios iniciais do desenvolvimento. À luz do conhecimento atual podemos fazer uma diferenciação absolutamente sem compromisso, porém significativa, entre sintoma neurótico e caráter neurótico, formulando-a desta maneira: o sintoma neurótico localizado corresponde diretamente às áreas parciais da personalidade que ficaram "fixadas" num ou noutro estágio, ao passo que o caráter neurótico é sempre uma expressão da atitude total correspondente à fixação. Assim, uma fixação (e o conflito psíquico dela resultante) sempre apresentará ao mesmo tempo dois modos de expressão: primeiro, o sintoma neurótico que lhe corresponde particularmente (por exemplo, o vômito histérico como expressão de fixação oral-genital) e, segundo, o caráter neurótico, que corresponde ao distúrbio evocado na personalidade como um todo pela fixação parcial. Para ser coerentes, devemos admitir portanto que até os distúrbios insignificantes em si não deixam de afetar o restante da personalidade. Desse modo, todo sintoma neurótico se fundamenta em um caráter neurótico e podemos falar num caráter histérico ou compulsivo (e possivelmente esquizóide) encimado por seus sintomas como uma montanha por seu pico. Tanto o caráter neurótico como o sintoma neurótico têm suas qualidades específicas determinadas pela fase em que o desenvolvimento foi interrompido. O neurótico compulsivo que procura tratamento por causa de um impulso de apunhalar os amigos pelas costas (um sintoma compulsivo) apresentará inevitavelmente os traços de caráter compulsivo de asseio meticuloso, disciplina e escrupulosidade exagerada. Tanto o sintoma específico quanto os traços de caráter mostram características típicas da fase sádico-anal. Por essa óptica, a expressão "caráter impulsivo" pode aludir somente a uma forma específica do caráter neurótico, a saber, o distúrbio da personalidade como um todo, marcada pelo comportamento mais ou menos desinibido. Como fizemos a diferenciação entre sintoma neurótico e caráter neurótico, devemos agora separar os atos compulsivos, no sentido de ações compulsivas incontroláveis, do comportamento geral do caráter impulsivo. Enquanto os primeiros surgem como corpos estranhos circunscritos no interior de uma personalidade que os condena e que é disciplinada no restante de seu funcionamento, a impulsividade de um indivíduo impulsivo é uma característica de sua personalidade total e, por conseguinte, raramente é reconhecida como patológica. Os ímpetos pulsionais costumam ser difusos, nem sempre dirigidos a objetos específicos, nem restritos a determinadas situações, variando muitas vezes de tipo e intensidade, e dependem completamente das condições sociais. Essa limitação não se encontra nos atos invariáveis da compulsão neurótica, que habitualmente não dependem de circunstâncias externas. A relação do caráter impulsivo com o mundo externo geralmente se define de modo mais claro e, nesse sentido, é mais fácil de entender do que os sintomas neuróticos circunscritos. As ações do indivíduo impulsivo nunca parecem ser tão destituídas de sentido como as do neurótico compulsivo e têm um grau bem maior de racionalização.

Em alguns casos, a linha divisória entre o distúrbio de caráter impulsivo e a esquizofrenia – principalmente nas formas paranóide e catatônica – é tão obscura quanto a que separa o primeiro da neurose de transferência clássica. Um fator que possibilita a separação entre diversas formas particularmente gritantes e a esquizofrenia inconfundível é a relação extremamente vivaz com o mundo externo, que muitas vezes dá a impressão de exagero. Em vários casos da Clínica Psiquiátrica de Viena[19] de início diagnosticados como vagabundos, mentirosos e reclamões briguentos – todos vistos

---

19. Gostaria de aproveitar a oportunidade para expressar meu sincero apreço ao Professor Wagner-Jauregg por me permitir estudar o rico material da clínica.

como "psicopaticamente inferiores" –, afloraram, com o tempo, idéias megalomaníacas e paranóides pronunciadas, o que possibilitou interpretar o exagero nas relações externas como simples reação de defesa contra a regressão ao autismo. Além disso, encontra-se ausente a típica cisão esquizofrênica da personalidade, embora substituída por ampla despersonalização, encontrada em todos os meus pacientes que puderam ser classificados nesse grupo. Todavia, pode ser que a própria despersonalização não seja considerada um critério válido, como observa corretamente Nunberg[20], porque toda doença mental principia pela despersonalização resultante do retraimento da libido. A percepção da alienação, seja com relação ao mundo externo, seja com relação ao próprio corpo do paciente, raramente é tão impressionante ou gritante na neurose de transferência simples quanto nos caracteres impulsivos ou nos esquizofrênicos. Uma paciente minha – um caso que discutirei mais adiante –, pelo que se notava exteriormente, sofria de estados graves de estupor, que ocorriam entre nossas sessões de sábado e segunda-feira e continuavam durante várias semanas. Ela ficava encolhida no sofá em seu quarto, com a porta trancada, sem comer nem falar com ninguém. Isso sempre lhe ocorria depois de ser abalada por algo que acontecia na análise e aparentemente minava a transferência.

Além disso, faltam, no caráter impulsivo, idéias megalomaníacas e paranóides, embora não sejam incomuns as idéias de referência[21]. Entretanto, essas correspondem estruturalmente à idéia de ser menosprezado e também são características da neurose de transferência simples. Obviamente, no caráter impul-

---

20. "Über Depersonalisationszustände im Lichte der Libidotheorie" (1924) / "States of Depersonalization in the Light of the Libido Theory" [Estados de despersonalização à luz da teoria da libido], *Practice and Theory in Psychoanalysis* (1961).
21. S. Kretschmer, *Der sensitive Beziehungswahn* [O delírio de referência] (1918).

sivo essas idéias são quase sempre intensificadas, até o ponto de uma litigiosidade delirante. O teste de realidade, o julgamento dos limites do ego, permanece intacto, embora determinados aspectos sejam obscurecidos pelos afetos.

Em apenas três casos de caráter impulsivo que tratei ocorreram alucinações auditivas e visuais por um certo tempo durante a análise. Um caso apresentou alucinações durante um estado histérico contínuo; em outro, as alucinações foram causadas por uma súbita erupção de angústia afetiva; e, no terceiro, por uma fase paranóide aguda. Embora as alucinações auditivas sejam particularmente freqüentes na psicose histérica, ainda assim devo chamar a atenção para o fato de que, no primeiro caso, foi preciso interromper a análise devido a um estado crepuscular persistente, que guardava forte semelhança com a esquizofrenia. Meus supervisores no caso (Schilder e Jekels) não quiseram se arriscar a excluir a esquizofrenia como um diagnóstico possível, apesar dos sintomas histéricos típicos. De acordo com as pesquisas mais recentes sobre o "padrão esquizóide" – principalmente de Kretschmer[22] e Bleuler[23] –, podemos supor que a histeria esquizóide ativa mecanismos esquizofrênicos latentes quando cai na semiconsciência, durante uma cisão de personalidade histérica. Quem compartilha minha opinião de que a esquizofrenia não pode ser qualitativamente separada (quanto à natureza orgânica) da histeria e da neurose compulsiva também nunca excluirá a possibilidade de a histeria ou a neurose compulsiva transformar-se subitamente em esquizofrenia, em determinadas circunstâncias inteiramente obscuras até o presente momento.

---

22. *Körperbau und Charakter* (1921) / *Psysique and Character* [Físico e caráter] (1925).

23. "Syntonie – Schizoidie – Schizophrenie" [Sintonia – esquizoidia – esquizofrenia], *Zeitschrift für die gesante Neurologie und Psychiatrie* (1923).

As perversões manifestas, que são quase uma regra no caráter impulsivo, especialmente as de variedade sadomasoquista, também estão relacionadas a um recalque defeituoso. Utilizando a pesquisa de Freud sobre o superego (ideal do ego), podemos reconhecer essa afinidade especial com a esfera das pulsões destrutivas como expressão de uma perturbação no desenvolvimento do superego.

Apresentarei minha investigação dos distúrbios específicos do desenvolvimento no caráter impulsivo com uma breve discussão dos distúrbios do caráter neurótico típico, tais como existem em toda neurose sintomática. Isso possibilitará uma visão mais clara das diferenças entre ambos. De modo geral, estaremos comparando a dinâmica do caráter neurótico inibido com a do caráter impulsivo.

Ambivalência e formação do superego no caráter inibido

Com os estudos de Freud, aprendemos a reconhecer que tudo o que chamamos cultura e civilização se fundamenta principalmente no recalque de pulsões e, secundariamente, na sublimação delas. O progresso cultural da humanidade desde o homem das cavernas até o indivíduo civilizado médio da atualidade deve ser recapitulado por todo indivíduo de forma abreviada, mas ainda assim basicamente completa. Um ego de puras pulsões é colocado num mundo cheio de restrições e obrigações e precisa se ajustar a ele, abdicando da maior parte de suas exigências e alcançando bem mais tarde a satisfação plena apenas da parte mais diminuta delas. Esse ajuste ocorre aos poucos e em fases definidas mais ou menos claramente. Contudo, esse processo não é automático como, por exemplo, o desenvolvimento do corpo humano a partir do óvulo fecundado. Primeiro, o "embrião psíquico" precisa de determinados pontos de referência muito bem marcados no seu ambiente constritivo, e estes estão incorporados nos primeiros educadores. Esses educadores funcionam não apenas como objeto das primeiras demandas pulsionais, não apenas como objetos que proporcionam certo grau de satisfação pulsional – como é o caso particular do período de amamentação; eles também exercem o papel crítico na frustração da pulsão, impondo assim as primeiras e mais significativas restrições.

No entanto, faz parte da própria natureza das pulsões que elas não possam ser completamente extintas, mas apenas reformuladas e redirecionadas para outros alvos. Em suma, nenhuma pulsão desaparece sem alguma forma de satisfação substituta. O fato de ocorrerem estágios do desenvolvimento psicossexual está baseado nessa substituição. Por conseguinte, a fase anal de uma criança virá à tona de modo mais claro somente depois que a fase oral tiver sido eliminada pela frustração. Por sua vez, toda frustração de uma pulsão resulta numa cisão da libido envolvida. Atualmente, os resultados desse processo conhecidos com maior clareza são os seguintes: primeiro, preservação mais ou menos intocada da pulsão na forma original, porque as pulsões parciais destinam-se a exercer um papel importante na sexualidade posterior, como anteprazer. Segundo, formação reativa mais ou menos vigorosa, de acordo com a natureza da força pulsional (por exemplo, repugnância como reação a tendências erótico-anais). Terceiro, sublimação: o asseio, por exemplo, aparece como uma forma primitiva de sublimação erótico-anal, e há sublimações posteriores de natureza bem mais complexa que, como a psicanálise foi capaz de demonstrar, criam o ímpeto dinâmico essencial em todas as áreas do espírito humano. Quarto, todo impulso erótico serve para estabelecer relações entre a criança e os indivíduos que cuidam dela. Os primórdios de um investigamento objetal articulado já podem ser observados diretamente na fase oral. Posteriormente, transformam-se nas relações objetais de maior intensidade na fase genital, que, acreditamos, atingem seu pico por volta dos quatro anos de idade. Com o passar do tempo, as ramificações já descritas brevemente não se desenvolvem em separado, mas, sim, mantêm-se em estreita relação de reciprocidade. Assim, o investimento objetal exerce um papel particularmente importante para criar a formação reativa e tornar suportável a renúncia pulsional. Pois nessa idade a criança é tão completamente uma criatura de prazer (ego-prazer, na terminologia de Freud) que pode e quer apenas substituir prazer por prazer. No começo ela acostuma-se com o asseio "pelo amor" da mãe. Por isso, as perturbações do apego ao objeto mais primitivo são imediatamente perceptíveis na forma de rancor, particularmente bem conhecido na sua manifestação como rancor anal. Porém, quando a criança renunciou a uma forma específica de prazer pelo amor da mãe, ela assimilou uma exigência da mãe, e estamos diante de um caso de identificação primitiva, embora ainda haja muito apego ao objeto envolvido, sem o que a identificação seria intolerável.

Essas identificações iniciais destinam-se a preparar terreno para as identificações posteriores finais, influenciadas culturalmente. Todavia, primeiro se apresenta uma fase de investimento objetal extremamente intenso, cuja manifestação Freud definiu com o título composto de complexo de Édipo. O menino começa a tentar mais ou menos abertamente a tomar o lugar do pai e nutre pensamentos de eliminação desse incômodo rival; a menina assume uma atitude semelhante correspondente ao seu sexo. O investimento heterossexual indica identificação objetal homossexual. Todavia, essa relação edipiana simples pode em alguns casos ser complicada por impulsos contraditórios pronunciados, embora estes sejam, em geral, apenas sugeridos. Com isso quero dizer que o menino também ama o pai e se identifica com a mãe, exatamente como a menina ama a mãe e se identifica com o pai. Freud acha que é recomendável pressupor um "complexo de

Édipo duplo" em todos os casos, por causa da importância geral da disposição bissexual. Os conflitos dessa fase, situados entre os mais significativos vividos pelo homem, constituem o centro de toda neurose, sem exceção. Também mobilizam poderosos sentimentos de culpa, cujas verdadeiras origens Freud considera ainda completamente obscuras. Essa culpa se transforma nas atitudes de ódio particularmente intensas presentes no conflito edipiano. Isso não significa que o ódio é gerado aqui pela primeira vez – ao contrário, parece que existia muito antes. Vemos os primeiros impulsos possessivos e destrutivos do bebê como manifestações primitivas de seu ódio. Pode-se provar que nenhuma frustração é aceita sem que se gerem impulsos de ódio, embora estes possam ser encobertos pela substituição bem-sucedida por prazer ou amor objetal, em circunstâncias favoráveis. Mesmo assim, se a frustração for intensa demais, esses impulsos estão sempre prontos para irromper a qualquer momento.

Freud fez uma distinção entre as tendências libidinais e as destrutivas, as quais originariamente se dirigem a objetos mas que, no curso da formação reativa e da sublimação, sucumbem ao recalque e posteriormente funcionam na formação da consciência social e do senso de moralidade. Essas tendências passam por um destino especial, estudado na melancolia, isto é, elas se invertem e se voltam para o interior, para o *self* como masoquismo, com todas as suas manifestações. Por ora, contento-me em mencionar a afirmação de Freud[24] de que o masoquismo era originariamente erógeno, tomando a forma de sadismo quando dirigido para o mundo externo e somente depois – como se mencionou antes – tornando-se masoquismo secundário. A situação na verdade é

---

24. "Das Ökonomische Problem des Masochismus" [O problema econômico do masoquismo] (1924).

esta: o ego pulsional primitivo é mantido sob controle por um poder que Freud chama de ideal do ego ou superego. Ele se origina de um investimento objetal abandonado e consiste em todas as exigências feitas anteriormente ao ego pulsional pelos pais ou outros indivíduos que cuidaram da criança. Finalmente, os pais são liberados como objetos, porém retidos como superego, por meio da identificação. Isso resulta na dessexualização das relações objetais. A força pulsional empregada pela capacidade recém-criada do ego de manter suas pulsões sob controle – em outras palavras, conseguir o recalque – é sadismo na forma sublimada de masoquismo "moral", que deve ser diferenciado de masoquismo erógeno (perversão).

REALIZAÇÃO DAS EXIGÊNCIAS DO SUPEREGO

Vimos que a formação do superego começa com a frustração em geral e se conclui essencialmente com a frustração do desejo edipiano incestuoso. Na verdade, a frustração é encontrada em cada estágio do desenvolvimento da libido, o que nos possibilita situar o início da formação do superego em uma época imediatamente posterior ao nascimento. Mesmo acostumar o bebê a horários fixos de refeição é uma frustração de sua necessidade incessante de sugar. Para ir um passo além, a primeiríssima frustração é o próprio nascimento, na medida em que o prazer da vida intra-uterina chega então ao final (devido à falta de estímulos)[25].

---

25. Rank, *Das Trauma der Geburt und seine Bedeutung für die Psychoanalyse* (1924) / *The Trauma of Birth and Its Importance for Psychoanalytic Therapy* [O trauma do nascimento e sua importância para a terapia psicanalítica] (1929); e o excelente ensaio de Dorothy Garley, "Über der Schok des Geborenwerdens und seine möglichen Nachwirkungen" [Acerca do choque de nascer e suas possíveis conseqüências], *Internationale Zeitschrift für Psychoanalyse* (1924).

Esses estágios primitivos e preliminares do superego passam depois por uma realização completa. Como toda pulsão tende à perseverança e à constância, não haveria progresso no desenvolvimento da libido sem a realização da exigência: "Você deve defecar num determinado horário e num determinado local." No entanto, como se mencionou antes, a satisfação dessa exigência seria impossível sem que se oferecessem outras fontes de prazer. A situação muda mais tarde. Quanto mais desenvolvida e integrada fica a personalidade da criança, mais ela se opõe às restrições, particularmente no estágio narcisista que precede o investimento objetal completo. Quase todas as crianças, mesmo as que permanecem mentalmente saudáveis depois, passam por um estágio de oposição intensa à restrição forçada. A submissão excessiva por parte da criança pode ser um sinal de fraqueza neurótica posterior, isto é, a bem conhecida incapacidade neurótica de ter êxito na luta pela existência. A esta altura, a assimilação das exigências educacionais só ocorre parcialmente, e o ego pulsional se afirma com maior ou menor sucesso em oposição às exigências do superego. Desse modo, garante-se uma faceta do desenvolvimento do indivíduo, e a masturbação infantil agora passa a ser seu território particular. É compreensível que a tensão entre o superego insatisfeito e o ego pulsional gere culpa. Por sua vez, a culpa diminui por meio de qualquer realização possível das exigências do ideal do ego. O verdadeiro ego, que agora se forma, é constituído na maior parte pelas exigências do superego que foram satisfeitas. Longe de algum dia chegar a uma conclusão, essa oscilação entre o ego real e o ideal do ego continua pela vida afora. Toda vez que alguma exigência do superego é satisfeita, toda vez que se consegue ser o que se quer, o ideal do ego se eleva e suas exigências se tornam mais abrangentes e mais numerosas. Aqui vemos um conflito típico entre o ego real (ser alguém) e o superego (querer ser alguém). Pode-se ver uma expressão desse conflito no complexo de inferioridade e suas compensações, como explicou Adler.

Todavia, o ego real da criança e o do adulto diferem num aspecto essencial. Enquanto o primeiro se compõe estritamente de exigências do superego que foram satisfeitas, o segundo contém também elementos da esfera sexual, a saber, todos aqueles impulsos sexuais orientados para a realidade que não estão em conflito com o superego. A maioria dos conflitos que mais tarde causam neurose começa nessa transição do ego real sexualmente negativo para o sexualmente afirmativo, o que costuma acontecer alguns anos depois da puberdade. O ego sexualmente negativo da criança é criado pelos hábitos predominantes de sua educação. Do ponto de vista psicanalítico, é concebível e até defensável que o ego real da criança contenha elementos sexualmente afirmativos. Há algo a ser dito a favor de permitir às crianças um certo grau de satisfação genital. Pois, se a masturbação infantil deve ser contada entre os fatores fisiológicos do desenvolvimento, não há sentido, do ponto de vista profilático, em separar o ego real da criança desses fatores, criando com isso um conflito relativo à masturbação que, sem exceção, se tornará ativo durante a puberdade – e, em muitos casos, com caráter patológico.

A realização do superego costuma progredir lentamente, implicando identificação completa com o pai no menino saudável e, nas meninas, identificação com a mãe. Para bem da clareza, é necessário diferenciar entre as exigências do superego que confirmam a pulsão e as que negam a pulsão. Em termos morais, isso constitui a diferença entre o princípio positivo ("Farás")[26] e o negativo ("Não farás"). As exigências

---

26. Certa vez, em conversa particular, levantou-se a seguinte questão acerca das exigências positivas do ideal do ego: elas existiriam desde o princípio? Eu reconheço a possibilidade de todos os ideais posteriores do tipo "farás" se desenvolverem a partir de proibições provenientes de canais complexos.

que implicam a negação da pulsão são satisfeitas desde os primórdios, as outras só bem mais tarde. No entanto, é imperativo para a saúde psíquica que o superego também contenha tendências que confirmem a pulsão, pois, quando contém exclusivamente frustração da pulsão, o desenvolvimento pode estacionar, como se vê no neurótico compulsivo ambivalente, inibido, ascético-religioso. De maneira contrária, o ideal do ego exclusivamente voltado para afirmar a pulsão criará um ego real que necessariamente conflita com a realidade. Em tais casos, empregamos a expressão "caráter impulsivo".

A INFLUÊNCIA DAS PULSÕES PARCIAIS NA FORMAÇÃO DO SUPEREGO

De que modo a realização do superego se manifesta em um menino que permanece saudável? No complexo de Édipo duplo, os impulsos heterossexuais para com a mãe e a identificação com o pai são os fatores predominantes. No começo, a identificação com o pai inclui os impulsos genitais; no entanto, eles logo se tornam presas da supressão e por fim do recalque. A exigência análoga do superego nesse caso é: "Você não pode desejar sua mãe sexualmente, ou melhor, genitalmente", e a satisfação dessa exigência do superego cria o tabu do incesto. Muitas exigências positivas do superego também são satisfeitas. O jovem luta para imitar o pai, e o ideal de ser "adulto" tem papel central na maioria dos jogos com os quais brinca – porém com "exclusão genital" (Abraham). Se ele não for bem-sucedido na exclusão dos impulsos genitais, a conseqüência será necessariamente a formação de um sintoma. A exigência sublimada do superego, nascida da identificação com o pai, ordena: "Quero ser tão grande, tão forte e tão inteligente quanto meu pai." O orgulho do pênis, quando não é substancialmente restringido pela angústia de castração, causa desprezo pelas mulheres (ou meninas), porque elas não têm pênis. Todavia, isso evita que prepondere uma perigosa identificação com a mãe. Como costuma demonstrar a psicanálise, o desejo incestuoso desperta outra vez na puberdade, embora normalmente não chegue ao nível consciente. Se a identificação com o pai for suficientemente forte e a angústia de castração não for poderosa demais, o resultado será uma sublimação valiosa, que se segue a uma fase de masturbação genital com fantasias heterossexuais, porém incestuosas. Para o jovem permanecer saudável, a exigência do ideal do ego satisfeita na infância, isto é, "Você não pode desejar sua mãe sexualmente", deve ser substancialmente modificada e reformulada assim: "Você não pode desejar sua mãe, mas pode desejar todas as outras mulheres." Desse modo, a negação do superego sexualmente negativo ocorre pela exclusão da mãe. Pode-se demonstrar que o surgimento de tendências heterossexuais isentas de culpa é um pré-requisito para a saúde futura. A identificação com o pai deve ser forte; também deve incluir a capacidade de eclipsar o pai, mesmo quando tenha vigorado previamente uma identificação sexual negativa com ele. Mas o eclipse do pai só pode ser bem-sucedido se a fase fálica tiver sido plenamente alcançada na infância. A atividade genital plenamente desenvolvida logo leva à relação sexual e, depois de conquistar uma mulher jovem, ocorre a desvalorização sexual da mãe, o que, por sua vez, é uma precondição para a escolha bem-sucedida de um objeto de amor. A eliminação de desejos incestuosos em neuróticos com fixação também ocorre, na análise, dentro do conceito de desvalorização sexual da mãe. Certa vez, um paciente meu comentou sobre seus desejos incestuosos conscientes com as seguintes palavras: "Que estúpido um homem querer possuir a qualquer custo sua mãe velha e feia quando há tantas jovens lindas no mundo." Presumimos que a seleção de objeto genital normal se faz acompanhar de transformações do apego incestuoso semelhantes àquelas já descritas.

O eclipsar do pai também leva à libertação do ideal original de pai. Os homens com fixações neuróticas também apresentam uma rigidez do superego, sendo a forma mais comum a imitação de toda imagem paterna sem consideração pelos talentos e capacidades pessoais. Voltaremos mais adiante às diversas fixações neuróticas do superego em relação ao pai ("eu tenho de ser como o meu pai"). Os homens saudáveis apresentam principalmente amplos desvios do ideal paterno, às vezes chegando ao preceito "você não pode ser como seu pai". São capazes de assimilar imagens paternas qualitativamente diversas, atingindo desse modo uma integração aperfeiçoada da personalidade. Não há progresso cultural concebível se não ocorrer identificação com imagens paternas qualitativamente diferentes – isto é, a edificação de novos ideais do ego depois da dissolução dos velhos. Essa transformação sublimada do ideal de pai está estreitamente relacionada a uma forma de transformação neurótica marcada pela formação de um superego reativo que será definida mais adiante. Porém, não é a mesma coisa se um revolucionário social "revolucionar" somente por causa de uma reação contra seu pai ou se age a partir de uma imagem paterna revolucionária, sem relação com as atitudes de seu próprio pai. A precondição desse desenvolvimento favorável do superego é que não esteja presente nenhum apego libidinal objetal inibidor com o pai.

Assim como a identificação genital com o pai assegura a saúde psíquica, e a possibilidade de transcender o ideal paterno libera poderes criativos nos homens, nas mulheres a identificação vaginal com a mãe (geração de filhos) é uma precondição para a capacidade de lidar com a realidade, bem como para o bem-estar subjetivo. As meninas – como demonstrou a psicanálise – têm mais a superar que os meninos, pois o desejo pelo pênis as impele mais fortemente para a identificação com os homens, desde o princípio. Por isso, é importante que a identificação com a mãe seja bem-sucedida na fase edipiana. Isso tem mais probabilidade de acontecer quando o desejo por um filho substitui efetivamente o desejo pelo pênis. A psicanálise demonstrou ainda que o desejo pelo pênis e a inveja do pênis se desenvolvem primeiro e são depois substituídos pelo desejo por um filho, quando as condições são favoráveis. Karen Horney[27] foi capaz de demonstrar outro curso de desenvolvimento típico, que posso confirmar pela minha experiência com mulheres neuróticas. Nesse curso, surge primeiro um desejo intenso por um filho, com identificação normal com a mãe. Somente depois da negação desse desejo surge o desejo pelo pênis. Enquanto no primeiro grupo o filho é um substituto do pênis, no segundo a situação se inverte e o pênis fantasiado é um substituto do filho negado. Entretanto, o processo descrito primeiro parece ser de longe o mais freqüente. É mais vantajoso para a saúde psíquica – isto é, para o estabelecimento posterior da posição materna – quando a identificação com a mãe é o ponto de partida, preparando, assim, com boa antecipação, a prontidão necessária para cuidar de um filho. Primeiro a menina adquire o ideal materno, "você não pode desejar seu pai sensualmente", e reprime sua prontidão genital. Mas a genitalidade infantil da menina tem, na maioria dos casos, características clitorianas evidentes, que ela equipara ao erotismo fálico do menino. Enquanto o erotismo fálico do menino está de acordo

---

27. "On the Genesis of the Castration Complex in Women" [Sobre a gênese do complexo de castração nas mulheres], *International Journal of Psycho-Analysis* (1924).

com o papel sexual final para o qual ele se prepara, a sexualidade clitoriana fica em contradição com o posterior ajuste vaginal necessário das mulheres. Como assinalou H. Deutsch recentemente, a transição da sexualidade clitoriana para a vaginal durante a puberdade se completa normalmente depois da intensificação da primeira ("ímpeto de atividade"). A renúncia final em relação ao pênis é acompanhada pelo fortalecimento do ideal materno. Entretanto, a origem das características erógenas da vagina ainda é desconhecida, e o conceito de "transferência da sexualidade clitoriana" não explica como é possível que a sexualidade clitoriana, anteriormente sujeita ao processamento emocional agressivo-fálico completo, transforme-se em sexualidade passiva-vaginal. H. Deutsch considera essa reorientação de metas ativas para metas passivas algo típico das pulsões. Seja qual for a explicação, há determinadas características da sexualidade vaginal observáveis facilmente na análise de mulheres com anestesia vaginal que nos permitem suspeitar que a vagina só fica pronta para assumir a sexualidade clitoriana quando está estreitamente relacionada a determinadas características erógenas de natureza diferente.

Ao que parece, as pulsões anais predominam no estabelecimento da sexualidade vaginal. No inconsciente, vagina e ânus são sinônimos. ("A vagina é emprestada do ânus", segundo Andréas-Salomé; ver também Jekels[28] e Ferenczi[29]). Em sua conferência na convenção psicanalítica de Salzburgo, H. Deutsch indubitavelmente acertou ao relacionar a ação "sugadora" da vagina durante o coito com os impulsos orais. No entanto, se a sexualidade vaginal adulta não for preestabelecida na infância, como é, por exemplo, a sexualidade fáli-

---

28. "Einige Bemerkungen zur Trieblehre" [Algumas observações sobre a teoria das pulsões], *Internationale Zeitschrift für Psychoanalyse* (1913).
29. *Versuch einer Genitaltheorie* [Para uma teoria da genitalidade] (1924).

ca masculina, mas for composta depois a partir de aspectos anais e orais, então devemos supor que a regressão parcial a estágios anteriores do desenvolvimento da libido depois da renúncia ao pênis[30] é parte do desenvolvimento normal nas mulheres.

A conversão normal pós-puberdade de um ideal do ego puramente negador da pulsão para um ideal do ego que também contém a afirmação da pulsão é válida tanto para mulheres quanto para homens. Todavia, devido ao assim chamado padrão sexual duplo, essa conversão necessária não costuma acontecer, como evidencia por si só o fato de que a imensa maioria das mulheres é frígida. Não há dados estatísticos sobre isso, porém estimativas não confirmadas chegam de oitenta a noventa por cento, se for empregado como critério para avaliar a frigidez a incapacidade de sentir orgasmo vaginal.

O conceito geralmente aceito de "mulher ideal", válido até recentemente, é quase todo baseado no de "mãe ideal" e construído a partir de elementos anais e orais. O ideal burguês da dona de casa econômica, limpa, submissa e calma também exige que a mulher mantenha as crianças quietas, cozinhe e administre as tarefas domésticas com eficiência. Poder-se-ia questionar o valor desse padrão e afirmar que essa ideologia foi criada pelos homens para facilitar ao máximo a vida deles. Como psicanalistas, podemos confirmar que os homens buscam na esposa alguém para lhes suprir todas as necessidades, o que denota, em última análise, uma mãe para cuidar deles. Nestes últimos anos, no entanto, principalmente desde a guerra, a situação mudou. Determinados elementos do ideal paterno foram incorporados pelo ideal materno, e

---

30. H. Deutsch informou-me que ela chegou às mesmas conclusões usando uma abordagem diferente. *Zur Psychoanalyse der weiblichen Sexualfunktionen* [A psicologia das funções sexuais femininas] (1926).

espera-se agora de uma mulher que tenha uma vocação, contribua para o sustento da família e seja tão ativa quanto o homem em toda área do empenho humano.

Essa mudança (que não provém exclusivamente das mulheres) no ideal materno tradicionalmente inviolado é capaz de mitigar os conflitos associados à renúncia ao pênis. Enquanto antes o desejo pelo pênis só podia se converter no desejo por um filho segundo o rígido ideal materno, agora é possível sublimá-lo. No começo essa sublimação vai simplesmente pressupor o ideal paterno, porém a próxima geração talvez não vá considerar mais a atividade social e científica da mulher como realização do ideal paterno, mas igualmente do ideal materno. Por enquanto, nas mulheres neuróticas, os dois são mutuamente exclusivos, na medida em que a realização do ideal paterno não é sublimação, e sim reação. As mulheres que escolhem vocações "masculinas" costumam não ter renunciado ao pênis e se mostram incapazes de realizar o ideal materno (cuidar dos filhos, receptividade vaginal). A análise de mulheres que lutam reativamente pela realização do ideal do ego paterno por meio de características clitorianas marcadas leva normalmente a um dos dois resultados que se seguem: renuncia-se ao pênis e aceita-se um filho (ou um homem) em seu lugar, ou o desejo pelo pênis é parcialmente sublimado. Por exemplo, uma paciente que se sentiu anteriormente obrigada a prosseguir os estudos como reação e rejeitou qualquer atitude materna, realçando somente suas características masculinas, pode de repente tomar consciência de que a vida acadêmica ou talvez alguma vocação masculina é de fato bem compatível com sua feminilidade. Ela então aceita o parto como sua função biológica e pára de se apegar ao paradoxo, tão característico do movimento feminista inteiro, de que só os homens podem receber uma educação universitária ou usufruir liberdade sexual. O único objetivo possível de um movimento feminista deve ser desenvolver mulheres como mulheres. G. Meisel-Hess[31] reconheceu com muita clareza o erro desse movimento, ameaçado de fracasso por causa da tentativa inconsciente de atingir o impossível, isto é, obter para a mulher o pênis dolorosamente perdido. Agora a necessidade social fez surgir nas fileiras do proletariado os mesmos resultados que a psicanálise obtém em casos individuais, a saber, a compatibilização das atitudes maternas com a atividade social. Entre as vocações acadêmicas, até agora, isso aconteceu apenas parcialmente no campo da pedagogia. Em ocorrências isoladas, foi abandonado o conceito de que as vocações social e científica são masculinas e requerem um pênis.

As conclusões desta parte do meu ensaio podem ser assim resumidas:

1. O pré-requisito para o ajustamento à realidade é, nas mulheres, a realização do ideal materno e, nos homens, a realização do ideal paterno.

2. Os dois dependem inteiramente da maturidade erógena:

a) O pré-requisito para a realização do ideal paterno é a ativação bem-sucedida da fase fálica e a sublimação do complexo de castração. Isso oferece a possibilidade de liberação do ideal paterno, caso uma mudança nas condições de vida o exijam. As moções pulsionais pré-genitais são então sublimadas como esforço de realização social, e os impulsos fálicos retêm sua natureza original.

b) O pré-requisito para a realização do ideal materno é a renúncia ao pênis e sua subseqüente substituição por um filho (ou um homem). As características clitorianas são pouco adequadas para estabelecer o ideal materno, baseado em grande medida nas moções pulsionais anais e orais parcial-

---

31. *Das Wesen der Geschlechtlichkeit* [A natureza da sexualidade] (1919).

mente reativadas que influenciam a formação do caráter da mulher. O erotismo clitoriano é responsável em parte pelo estabelecimento do erotismo vaginal e transformado parcialmente no envolvimento social, engendrando a atividade nas quais as mulheres são tão capazes.

3. Nos dois sexos, as exigências de afirmação pulsional do superego estão normalmente fundadas na fase genital. A complicação envolvida na estrutura genital da mulher saudável é simplesmente o fato de que as características erógenas de três órgãos (clitóris, ânus e boca) devem se unir para formar uma posição da libido ajustada à realidade. A formação de um superego negativo existe na fase genital somente na medida em que ele recalca o desejo incestuoso. É raro o envolvimento desse superego negativo nos indivíduos genitalmente satisfeitos, na medida em que houve dispersão dos desejos incestuosos que exigem recalque. Todos os outros ideais do ego negativos estão baseados em fases pré-genitais, na medida em que a libido pré-genital ainda exige satisfação sem modificações. Quando ocorre sublimação, os ideais do ego negativos se tornam positivos e se fundem com os da fase genital, formando uma personalidade harmoniosa, resoluta e bem-ajustada. Em geral, os opostos "saudável–doente" e "princípio de realidade–princípio de prazer" se refletem nos conceitos de "genital–pré-genital", "superego positivo–negativo", "sublimação–formação reativa".

IDENTIFICAÇÃO SEXUAL PROBLEMÁTICA

Dando prioridade novamente à base erógena do desenvolvimento patológico do ego, procederei agora a um exame da formação patológica do superego causada pela identificação sexual problemática.

A identificação da filha com o pai (complexo de masculinidade), assim como do filho com a mãe (atitude passivo-feminina para com o pai), são fatos psicanalíticos conhecidos e bem demonstrados. "Pareceria, portanto, que em ambos os sexos a força relativa das disposições sexuais é o que determina se o desfecho da situação edipiana será uma identificação com o pai ou com a mãe." Essa inclinação sexual funciona em determinadas posições erógenas: por exemplo, a atitude passivo-feminina nos homens assenta-se na libido anal. Isso, porém, absolutamente não exaure os fatos. Vi casos de identificação de homens com a mãe em que as atitudes masculinas se conservaram, sendo o principal exemplo disso o típico homem homossexual narcisista. Como demonstrou Sadger, esses homens buscam uma mãe que tenha pênis, mas preferem escolher homens jovens como objeto de amor, assumindo inconscientemente o papel de mãe orientadora e solícita. Em outros aspectos, a identificação com o genitor do sexo oposto existe em todos os casos.

De importância primordial, no entanto, é a extensão com que essa identificação equivocada se expressa no comportamento em geral, isto é, a clareza com que ela realmente colore de masculino a personalidade feminina e vice-versa. Em outras palavras, essa identificação equivocada ocorre no ego ou no ideal do ego? Antes de proceder a um exame das especificidades, mencionarei duas causas possíveis para a identificação problemática: (1) Pode ser produzida desde o princípio por uma disposição erógena existente[32]. Por isso, uma forte disposição anal reterá a criança do sexo masculino na fase anal e funcionará como base para uma ampla identificação

---

32. Isso deve ser qualificado na medida em que as disposições erógenas podem ser intensificadas pelo comportamento por parte das pessoas que cuidam da criança. Assim, um período de amamentação anormalmente longo fortalecerá a posição oral, e um ambiente anal, a posição anal.

futura com a mãe. Uma disposição clitoriana particularmente forte terá o mesmo efeito sobre meninas com relação à identificação com o pai. (2) Além dessas disposições erógenas, não devemos subestimar o fator experiência. A análise pode provar que a formação do superego é predominantemente influenciada pela figura parental em relação à qual a ambivalência foi mais forte, em outras palavras, o genitor mais dominante na negação das pulsões. Está na natureza da inflexibilidade libidinal que, enquanto prevalecerem as relações libidinais objetais, elas não conduzirão à identificação. Só ocorre retraimento da libido e assimilação do objeto externo no ego quando há negação e subseqüente ambivalência. Normalmente, as meninas têm uma atitude positiva mais ou menos pronunciada com relação ao pai e são ambivalentes com relação à mãe (o inverso vale para os meninos). Se não surgirem mais complicações, essa situação evoluirá para a identificação normal com a mãe nas meninas e identificação com o pai nos meninos. O correspondente conflito de ambivalência encontra-se na raiz dessas identificações.

Os meninos experimentam a negação do desejo incestuoso por causa da existência do pai, como fazem as meninas por causa da existência da mãe. Entretanto, a análise de caracteres neuróticos com falhas graves de identificação demonstra que, em tais casos, é característico o fato de não só ser vivida a chamada negação normal causada pelo genitor do mesmo sexo, como também a negação por parte do genitor do sexo oposto. A conseqüência imediata é a formação de uma ambivalência aguda para com o genitor do sexo oposto, o que conduz a um posterior retraimento da libido objetal e introjeção desse objeto, e assim à identificação problemática. É de importância decisiva para o desenvolvimento do ego quem, o pai ou a mãe, é a fonte efetiva de onde emanam a negação da masturbação, dos jogos infantis, do desejo incestuoso etc. Porém, isso ainda não leva em consideração a possibilidade complicadora de que o caráter do genitor negador, ou melhor, a diferença dos caracteres dos dois genitores também deva se expressar na formação do ego da criança.

Se os dois elementos fundamentais da identificação problemática coincidirem, a conseqüência inevitável será o complexo de masculinidade nas mulheres ou o de feminilidade nos homens. Contudo, a ubiqüidade dos complexos de masculinidade ou feminilidade é tão trivial quanto o fato de que todo indivíduo tem um complexo de Édipo. A pergunta pertinente hoje em dia não é se esses fatos existem, mas, sim, como existem e como os conflitos podem ser resolvidos. Limitar-nos a essa linha de questionamento, não apenas evitará explicações unilaterais como também introduzirá a área mais fértil da psicanálise – o problema da seleção de neurose. Por enquanto, ainda estamos tateando em busca de uma resposta à pergunta da etiologia específica; entretanto, aqui e ali, determinadas formas de danos característicos do desenvolvimento estão começando a se cristalizar. Qualquer tentativa de desenvolver uma tipologia psicanalítica e genética, contudo, resultaria certamente em obstruir o curso das pesquisas nessa direção. Essa tipologia deve formar-se na conclusão, e não no início de uma pesquisa psicanalítica. Acima de tudo, ainda nos falta uma análise da esquizofrenia. Por isso, esta tentativa se limitará a demonstrar mecanismos específicos típicos da formação do caráter, enquanto recomendamos à pesquisa futura a tarefa de preencher os espaços vazios.

Nos homens, a identificação com a mãe assume duas formas típicas que, por sua vez, correspondem a duas fixações erógenas diferentes: a identificação com a mãe na fase genital ambivalente (Abraham) e a da fase anal. O representante típico do primeiro grupo é o homossexual narcisista mais ou menos ciente, como foi descrito por Sadger[33] e Abraham[34]. Esses "narcisistas compensatórios" superficialmente seguros de si apresentam o seguinte desenvolvimento típico da libido: nunca superaram o complexo de Édipo e permaneceram fixados no nível genital ambivalente[35], porém sem regressão efetiva a estágios anteriores. A idéia da mãe com pênis adquiriu importância central. Dois pacientes desse tipo que tratei tiveram sonhos inocentes com mulheres, imagens distintas da mãe, que tinham um tubo ou até um órgão genital masculino real no lugar do órgão genital feminino. Dois elementos são tipicamente ativos nessa idéia. Primeiro, o genital feminino e sua falta de pênis não pode ser conceituado devido ao próprio medo de castração do paciente – o inconsciente se prende à idéia do pênis da mulher (Freud); segundo, o pênis da mulher em geral implica os seios. Esses homens nunca superaram a fixação oral, e o ato ativo e passivo da felação tem um papel importante na vida sexual deles.

Depois do insucesso em dar os primeiros passos no caminho da identificação genital normal com o pai (medo de castração pelo pai), começa a identificação com a mãe. Quando esses homens, que têm inclinação para a homossexualidade ativa desde o princípio, permitem que suas inclinações se manifestem, apaixonam-se por homens jovens e efeminados – em outras palavras, outra vez uma mulher com pênis. Por outro lado, assumem o papel de mãe para com

---

33. *Die Lehre von den Geschlechtsverirrungen (Psychopathia Sexualis) auf psychoanalytischer Grundlage* [A teoria das aberrações sexuais (psicopatia sexual) de base psicanalítica] (1921).

34. "Über eine besondere Form des neurotischen Widerstandes gegen die psychoanalytic Methodik" (1919) / "A Particular Form of Neurotic Resistance against the Psycho-Analytic Method" [Uma forma particular de resistência neurótica contra o método psicanalítico], *Selected Papers]* (1927).

35. Karl Abraham, *Versuch einer Entwicklungsgeschichte der Libido auf Grund der Psychoanalyse seelischer Störungen* (1924) / *A Short Study of the Development of the Libido* [Um breve estudo do desenvolvimento da libido] (1927).

esses jovens, posam de seus protetores e iniciam-nos na vida sexual, embora eles mesmos sejam parcial ou completamente impotentes do ponto de vista heterossexual. Na prática da felação estão também envolvidas fantasias ativas e passivas de amamentação (identificação com a mãe). Dois de meus pacientes desse tipo cresceram sem pai. O pai morreu muito cedo num caso; no outro, o paciente era filho ilegítimo. Por isso, ao que parece a ausência do pai não inibe a ativação do estágio genital, mas, sim, o intensifica, abrindo ao mesmo tempo a possibilidade de identificação com a mãe. Quando a mãe é a fonte da angústia de castração, a identificação com ela é quase certa, principalmente se for ela a principal responsável pela educação da criança. O fato de esses homossexuais narcisistas ativos estarem também procurando a si mesmos no seu objeto de amor não contradiz isso, como apuraram Freud e Sadger, já que todo objeto de amor é narcisicamente motivado. Assim, a identificação com a mãe se expressa nessa própria busca de si mesmo no objeto de amor ("escolha narcisista de objeto", Freud).

A situação é completamente diferente na identificação de base anal com a mãe. Aqui, falta a atividade genital, e a impotência – que se apresenta em geral na forma de ejaculação precoce, com ou sem capacidade eretiva – está sempre presente. Esses indivíduos têm caráter feminino fraco e mostram deferência submissa para com imagens paternas fortes. A despeito do superego paterno forçado, a atitude deles permanece a de resignação neurótica. Por certo, o ideal paterno está presente e é com freqüência poderoso, mas permanece não realizado, e o desejo de ser plenamente masculino, do ponto de vista social e sexual, costuma se esgotar em devaneios. Somente os traços maternos se realizaram e permanecem em contraste nítido com o ideal paterno não realizado. Esses indivíduos manifestam os mecanismos de inferioridade característicos, com as compensações de "orientação fictícia" enfatizadas por Adler. Por serem incapazes de realizar o ideal paterno, assumem papel de mártir para dissimular sua convicção narcisista de que só eles são nobres, honrados e, na verdade, valem mais que o resto da humanidade. Dizem que a aspereza do mundo (querendo se referir às exigências da realidade) e o materialismo são a causa de seu sofrimento quando, na realidade, eles mesmos flertam com a aspereza e o materialismo e gostariam de ser tão potentes quanto o pai deles.

Certa vez, um paciente desse tipo disse-me francamente que não achava que a análise pudesse curá-lo da impotência e que ele só seria completamente potente depois da morte do pai. Parecia muito peculiar que ele condenasse o pai (de sessenta anos) por importunar a mãe (também de sessenta anos) "com aquela coisa animal da relação sexual". O próprio paciente sofria não só de ejaculação precoce de natureza totalmente erótico-uretral, mas também de uma rara fixação anal. Desde a mais tenra infância sofria de constipação e às vezes não conseguia defecar durante dez ou doze dias – principalmente quando viajava. A defecação dependia de certas circunstâncias: ele tinha de sentar em uma bacia de água quente ou a mãe tinha de lhe fazer um enema. Existia uma fixação anal específica com a mãe. Mesmo no início da juventude ele queria que os enemas fossem feitos exclusivamente pela mãe, também ela evidentemente um caráter anal. Toda a família sofria de constipação crônica, embora a do paciente tenha cessado durante a análise. Sua primeira tentativa de relação sexual teve circunstâncias muito peculiares. Ele simplesmente virou as costas para a mulher e adormeceu. A análise posterior mostrou que ele esperava inconscientemente um enema, transferindo desse modo seu relacionamento especificamente anal com a mãe para aquela situação nova. Sua personalidade era exatamente como a da mãe em cada detalhe. Ele era pedante, asseado, metódico, introspectivo, reprimido e temia e desprezava o pai, como ela o fazia. Suas três irmãs mais velhas tinham saído de casa fazia muito tempo e estavam casadas; ele, porém, não conseguia separar-se da mãe, achando que era seu dever "consolidar o casamento infeliz". O desejo de que a mãe lhe fizesse um enema baseava-se no desejo bem mais profundo de ter relações anais com o pai. O paciente nunca superou por completo a fase anal e alcançou apenas parcialmente a fase genital. A masturbação era anal e uretral. Não existiam fantasias de coito heterossexual genital, mas sim o desejo de lamber os seios ou a vagina de uma mulher, arrastar-se entre as pernas dela, ser amarrado e assim por diante. Após um curto período de masturbação genital aos quatro anos, houve a completa supressão dos impulsos genitais depois da ameaça de castração feita por um irmão mais velho. Isso, por sua vez, foi ampliado pelo efeito intensificador da mãe na situação anal.

Em suas amizades sexualmente inibidas com outros homens, preferia indivíduos superiores, inteiramente masculinos, cuja personalidade se opusesse à dele. Admirava-os, sentia-se inferior e sempre encontrava algum pretexto banal para terminar a amizade. Durante o tratamento, demonstrou uma transferência completamente passivo-feminina e produziu fantasias inequívocas de gravidez relacionadas à análise de sua constipação. Em um sonho teve um movimento intestinal, mas as fezes desapareceram; logo depois, crianças "muito pequenas" brincavam no aposento. As fezes produzidas pelo movimento normal dos intestinos eram igualmente "muito pequenas". Outros sonhos eram com o analista ou os amigos fertilizando-o pela boca (teoria da concepção oral).

A realização do ideal materno, excluindo o desejo sexual da consciência, foi intensificada pelos traços de caráter exatamente opostos aos de seu pai. O pai era extremamente curioso, abria toda carta que chegava à casa deles – o paciente não media esforços para ser discreto; o pai era avarento, tinha o dinheiro em alta conta – o paciente o desdenhava e desperdiçava; o pai não mostrava nenhuma fineza em questões íntimas no lar e soltava gases sem considerar a presença dos membros da família – o paciente sofria muito com a incapacidade de soltar gases (isso desapareceu rapidamente depois de revelada a conexão); o pai era um mulherengo – o paciente não o era de modo nenhum; por fim, nas próprias palavras do paciente, o pai era "potente demais" – enquanto ele mesmo era impotente.

O lema desse paciente era "Não seja como seu pai, mas sim exatamente o seu oposto"; por isso as identificações realizadas com o pai eram de natureza completamente reativa. É possível observar formações reativas do superego, tais como essas, com muita freqüência no caráter de indivíduos neuróticos. Elas matizam a personalidade de homens passivo-femininos inibidos, bem como de mulheres com complexo de masculinidade inibido, e são particularmente evidentes quando os caracteres dos pais também apresentam forte contraste um com o outro. É prejudicial em particular para os meninos quando o pai austero e não amoroso contrasta com o restante da família. Mãe e filhos, então, agarram-se uns aos outros, como que se defendendo. O menino se identifica com a mãe, a quem ama e deseja proteger do pai. Ao fazer isso, ele renuncia à sua sexualidade genital e regride à fase anal. No decorrer da luta com o pai, resigna-se, impedindo desse modo o desenvolvimento de algum grau significativo de independência (resignação neurótica).

No caso mencionado há pouco, a reação contra o pai resultou na identificação com a mãe. Resultados semelhantes ocorrem quando o pai tem boas maneiras, é gentil e indulgente, e a mãe assume o papel de "chefe da casa". Nesse caso, ocorrerá a identificação com o pai indulgente, em vez da identificação com a mãe. Há homens femininos que sempre realçam os elementos da mãe ríspida e austera nas escolhas objetais. Eles se sentem atraídos pela "mulher masculina", a quem de algum modo se submetem de forma masoquista. Esse tipo de amor também tinge toda a personalidade.

A identificação problemática em mulheres também pode ser estudada de modo mais proveitoso através das diversas formas de frigidez. Pode-se distinguir entre dois grupos principais de mulheres frígidas: um grupo reteve a natureza materna e o desejo de ter filhos. No outro, a mulher apresenta deliberadamente um trejeito masculino acentuado, escolhe muitas vezes uma vocação masculina e rejeita a relação sexual completamente ou, se vier a casar-se, permanece fria, inalcançável e austera. No primeiro grupo, a identificação com a mãe está inibida, mas ainda é dominante. A frigidez dessas mulheres costuma ser mais fácil de curar que a do segundo grupo; é causada basicamente pelo apego inconsciente e não resolvido com o pai. Mesmo se existir desejo pelo pênis, ele transformou-se em desejo por um filho (caso em que a criança se iguala sempre ao órgão masculino), e o desejo pelo pênis nunca é bastante poderoso para efetivar traços de caráter masculino. Esse fato demanda uma diferenciação mais nítida entre os conceitos de "desejo pelo pênis" e "desejo de masculinidade". Este último conceito é de abrangência mais ampla e inclui o primeiro; o contrário nem sempre é verdadeiro. As mulheres do primeiro grupo podem nutrir um amor profundo pelo marido ou pelo homem que amam, apesar da frigidez. Elas apenas não conseguiram compreender a censura imposta sobre elas pela mãe – "você não pode desejar sensualmente o seu pai". Depois que se liberam dessa ligação com o pai e do tabu que transferiram para todos os outros homens, a frigidez cessa imediatamente.

As mulheres do segundo tipo não conseguiram suportar a decepção que tiveram no amor pelo pai. Depois, elas incorporaram o pai dentro de si mesmas e se transformaram no que não podiam realizar, de acordo com o padrão bem conhecido. Aqui, os fatores predominantes são o desejo pelo pênis e a angústia de castração compensada. Elas postergaram a realização do ideal materno e realizaram o ideal paterno[36]. A anamnese da primeira infância dessas mulheres costuma apresentar com boa regularidade uma forte identificação com a mãe, que precipita a submissão ao pai como mulher (mãe) e o desejo de um filho dele. Esses casos podem ter um prognóstico favorável, uma vez que a análise possa reativar a posição adaptada à realidade do ideal materno que havia sido recalcado. Desse modo, com a análise, a forma grave de frigidez se transforma finalmente numa forma mais branda (primeiro tipo).

Todavia, se o desejo pelo pênis e a angústia de castração forem capazes de se instalar antes que uma simples – dita normal – situação edipiana se instaurasse (devido, por exemplo, a brincadeiras precoces com meninos, em que a inveja do pênis fosse provocada, ou devido à inibição do amor pelo pai desde o início por causa de rejeição por parte dele), então a análise teria realmente uma tarefa muito mais difícil. Seria gratificante determinar até que ponto as mulheres manifestamente masculino-homossexuais não conseguiram desenvolver, quando crianças, uma atitude feminina efetiva com relação ao pai. Eu pessoalmente não tenho acesso a material perti-

---

36. Um resultado peculiar desse conflito foi relatado por Freud em "Über einen Fall weiblicher Homosexualität" (1929) / "The Psychogenesis of a Case of Homosexuality in a Woman" [A psicogênese de um caso de homossexualidade em uma mulher], *Collected Papers* (1924). Uma menina distancia-se do pai e se torna esposa de uma mulher masculina. As precondições particulares para a solução desse problema permanecem desconhecidas (mãe austera – pai indulgente?).

nente nessa área, mas posso citar casos que mostram uma atitude de caráter diferente graças a essa forma específica de desenvolvimento. *Grosso modo*, o desenvolvimento da libido ocorre da seguinte forma: o pai é austero, distante e não amoroso; a mãe é afável, reprimida, amorosa. A menina se envolve muito cedo num conflito intenso de ambivalência com o pai. A experiência indica que isso enfraquece o amor heterossexual e cria uma disposição para o complexo de masculinidade. Todo amor é dirigido para a mãe. A ligação com a mãe é predominantemente oral e cria mais tarde uma intensa devoção infantil a imagens maternas correspondentes, com ou sem desejo de masculinidade. Essas meninas sofrem em decorrência das exigências da realidade e criam repetidamente uma situação de criança mimada. A ânsia pelo útero também é de importância maior que na maioria dos outros casos e resulta muitas vezes em extrema incapacidade para lidar com a realidade.

Por mais atraente que seja a perspectiva de examinar outros desvios atípicos da norma do caráter ajustado à realidade, devo conter-me em consideração à falta de adequação das descobertas empíricas. Também estou bem ciente de que minha exposição até agora não passou de um esboço baseado na experiência analítica e na teoria analítica atual. Todavia, a natureza múltipla e complexa da experiência humana nunca pode esgotar-se em conceituações. Qualquer pessoa que teve suas próprias experiências analíticas confirmará meus achados e também os corrigirá e ampliará.

Quer seja o caso ou não de a identificação imperfeita, a persistência de conflitos edipianos e as experiências especiais fundadas numa disposição erógena específica influenciarem o caráter de um indivíduo a ponto de afetar sua capacidade de lidar com a realidade e desfrutar a vida – com ou sem formação de sintomas neuróticos –, os ideais do ego, não obstante, constituem a própria tessitura da personalidade em si, e o ego "se identifica" com eles. Acho que foi demonstrado que a realização de determinadas exigências do ideal do ego determina a própria constituição do caráter neurótico. A diferença entre o caráter neurótico com inibição das pulsões, que está na base de toda neurose sintomática, e o caráter desinibido dominado pelas pulsões deve ser procurada nos distúrbios específicos do desenvolvimento do ego. As próximas seções se dedicarão a discutir esses distúrbios.

Ambivalência e formação do ego no caráter impulsivo

Por mais produtiva que se tenha tornado a investigação psicanalítica das experiências de infância entre as idades de três e seis anos, é, contudo, fato inegável que ainda faltam conexões essenciais na cadeia de compreensão do desenvolvimento emocional. A razão disso jaz em nossa incapacidade de penetrar o período anterior à idade de três anos na análise de adultos, com raras exceções. De fato, memórias mais antigas vêm à tona ocasionalmente, mas são tão obscuras e sua ligação orgânica com outros materiais é tão vaga que ninguém ousaria usá-las como premissa para conclusões mais avançadas. No momento, porém, podemos aceitar como válido o postulado de que o homem, nos primeiros dois anos de vida, vivencia mais coisas, e com maiores conseqüências, do que em qualquer época posterior. A criança entra na crítica fase edipiana com atitudes que, em seus traços mais gerais, já foram geralmente estabelecidas, mesmo que de modo ainda não conclusivo. O complexo de Édipo ulterior então aparece como um prisma em que são refratados os raios das moções pulsionais. Estas imprimem sua marca específica na natureza da criança e, pelas experiências da fase edipiana, passam por uma modificação ampla. O caso de um sintoma histérico numa criança de dois anos e três meses, como relatou Anna Freud[37], demonstra exatamente quanto essa área ainda é obscura. As dificuldades metodológicas parecem insuperáveis. As observações diretas de crianças relatadas até agora dizem respeito somente àquelas com idade acima de dois anos e há falta de babás de crianças e bebês com treinamento analítico.

Um segundo meio indireto de obter um vislumbre dos primeiros estágios do desenvolvimento é a contínua investigação clínica de determinadas formas de esquizofrenia e melancolia, cujos pontos de fixação, acreditamos, devem ser encontrados nos primeiros estágios pós-fetais. Há casos de esquizofrenia que realmente exibem padrões e mecanismos de comportamento que correspondem àqueles vistos em bebês do nascimento ao primeiro ano, ou mesmo no próprio estágio fetal. O caso relatado por Tausk[38] é altamente instrutivo no que diz respeito à extinção dos limites entre o ego e o mundo externo. No que tange aos conflitos sexuais mais antigos, ver o caso relatado por Nunberg[39].

Em certas formas de esquizofrenia, quando a fronteira do ego está completa ou parcialmente abolida e se observa o surgimento simultâneo de traços infantis definidos, já não se pode chamar de simples especulação o fato de a psicanálise supor que o ego da criança só se liberta aos poucos do caos

---

37. "Ein hysterisches Symptom bei einem zweieinvierteljährigen Kinde", *Imago* (1923) / "An Hysterical Symptom in a Child of Two Years and Three Months" [Um sintoma histérico em uma criança de dois anos e três meses], *International Journal of Psycho-Analysis* (1926).

38. "Entstehung des 'Beeinflussungsapparates' in der Schizophrenie", *Internationale Zeitschrift für Psychoanalyse* (1919) / "On the Origin of the 'Influencing Machine' in Schizophrenia" [Sobre a origem da 'máquina de influência' na esquizofrenia], *Psychoanalytic Quarterly* (1933).

39. "Über den katatonischen Anfall", *Internationale Zeitschrift für Psychoanalyse* (1920) / "On the Catatonic Attack" [Sobre o ataque catatônico], *Practice and Theory of Psychoanalysis* (1948).

original, que suas fronteiras se definem lentamente e que a pedra angular do desenvolvimento imperfeito do ego no futuro se estabelece nessa primeira fase de sua formação.

Um ego puramente pulsional (ego-prazer) depara com os estímulos de seu ambiente. Na medida em que estes são prazerosos, identifica-se com eles e, se não são prazerosos, rejeita-os, mesmo quando a origem é o próprio ego pulsional. O ego-prazer original tem fronteiras mais amplas que o posterior ego-realidade, no que diz respeito à experiência do prazer (Freud)[40]. No que tange a experiências não prazerosas, as fronteiras são mais estreitas. Os objetos prazerosos do mundo externo são percebidos como pertencentes ao próprio ego e, como o seio da mãe é o objeto central dessa fase, achamos que podemos compreender por que o reservatório narcísico é a fonte da libido objetal. O seio da mãe será inevitavelmente reconhecido como pertencente ao mundo externo e, por conseguinte, será "deslocado" pelo ego. Assim, primeiro a libido narcísica se transforma em libido objetal pelo seio abandonado, arrastando na sua esteira aquela porção da libido dirigida originalmente a ele. Os primeiros objetos do ambiente do bebê não são as pessoas como entidades, mas simplesmente seus órgãos – na medida em que oferecem prazer. Na análise, os objetos separam-se gradualmente em seus órgãos constituintes; por exemplo, o seio torna-se o órgão significativo quando a mãe está envolvida. Do mesmo modo que, na análise, a libido amorosa finalmente reverte à pura libido orgânica, também a libido orgânica infantil se transforma progressivamente em formas sublimadas de libido amorosa. A partir do seio da mãe, a libido caminha até abarcar a

---

40. "Formulierungen über zwei Prinzipien die psychischen Geschehens" (1911) / "Formulations Regarding the Two Principles in Mental Functioning" [Formulações relativas aos dois princípios do funcionamento mental], *Collected Papers* (1925).

própria mãe em si como a provedora de nutrição, amor e tranqüilidade.

A INFLUÊNCIA DA CRIAÇÃO

Mesmo a primeira fase desse importante processo, contudo, é acompanhada de negação; o seio da mãe é retirado, mas a frustração e a satisfação continuam se opondo uma à outra em cada fase do desenvolvimento e, na verdade, só a frustração garante o progresso de um estágio para o seguinte.

Nessa coexistência da satisfação e da frustração da pulsão, devemos lançar um olhar, com Graber[41], às origens ontogenéticas da ambivalência. A criança ama as pessoas que satisfazem suas pulsões e odeia as que as denegam. Se, como assinalaram Stekel e Freud, o ódio é mais antigo que o amor, isso se deve ao desprazer envolvido no próprio nascimento. Esse desprazer é esquecido em seguida, por causa do prazer derivado dos órgãos, e aflora mais tarde na forma de medo do parto ou até de desejo de voltar para o útero, caso a frustração pulsional seja excessivamente intensa desde o princípio, como ressaltou Rank.

Desse modo, a ambivalência é necessariamente inerente a todo desenvolvimento emocional. Como todo indivíduo experimenta situações que dão origem à ambivalência, temos de investigar que fatores a mais são responsáveis por torná-la patogênica. Isso depende, claro, da forma, da intensidade e do estágio de satisfação pulsional em que ocorreu a frustração, bem como da atitude da criança em relação ao genitor na época em questão. Em princípio, existem quatro possibilidades:

---

41. *Die Ambivalenz des Kindes* [A ambivalência das crianças] (1924).

1. A satisfação parcial e a frustração parcial da pulsão resultarão em recalque gradual. Essa é a melhor situação no decorrer do desenvolvimento, uma vez que a criança aprende a amar a figura parental durante a satisfação parcial e depois suportará a frustração "por amor" a essa pessoa. Tentamos construir essas condições mais favoráveis na análise também. A satisfação da pulsão deve ser parcial desde o início, assim como o bebê deve se acostumar, por exemplo, com horários de alimentação determinados. Desse modo, a frustração tem de se tornar cada vez mais intensa, porém sem jamais levar à inibição total da pulsão. Às pulsões recalcadas deve-se deixar sempre a possibilidade de se transformar, ou melhor, de ser substituídas por alguma outra pulsão parcial.

2. A frustração da pulsão não ocorre de modo gradual, mas sim abrupto, no início de cada fase. Isso causará a inibição total da pulsão, como costuma acontecer com determinados pacientes abúlicos. Assim, em alguns casos, a alimentação por mamadeira ou a negação total da masturbação genital pode posteriormente ter efeitos inibidores na capacidade de amar do indivíduo[42]. Se a tendência pulsional for forte, o conflito de ambivalência se intensificará a favor do ódio, o que acontece justificadamente com muitos compulsivos que apresentam inibição da pulsão.

3. A frustração da pulsão é completa ou praticamente ausente nos estágios de desenvolvimento devido à criação sem a supervisão de adultos. Isso pode fazer com que a pulsão se sobreponha sem inibição, e a ocorrência de graves conflitos é inevitável, uma vez que o ambiente exercerá sua influência mais cedo ou mais tarde. Embora as possibilidades mencionadas nos casos 1 e 2 sejam passíveis de verificação analítica, a

---

42. Ver "On Genitality" [Sobre a genitalidade], caso 6 [Wilhelm Reich, *Early Writings*, pp. 170 ss. (N. do R. T.)].

terceira possibilidade, nesta forma extrema, é meramente hipotética. No entanto, estou convencido de que a continuação dos estudos analíticos sobre criminosos, prostitutas e casos similares lançará alguma luz sobre essas contingências.

4. A quarta possibilidade que temos em mente (parcialmente coberta pela terceira) é aquela que, na minha experiência, se relaciona ao típico caráter impulsivo, dominado pela pulsão. Na análise dos caracteres impulsivos, descobre-se com regularidade surpreendente que uma ampla satisfação pulsional não inibida foi seguida, posteriormente, por uma frustração traumática. Por exemplo, uma de minhas pacientes foi abusada sexualmente pelo pai, mas também apanhou dele até perder os sentidos por seu comportamento com as colegas na rua. Outra paciente cresceu sem nenhuma supervisão de adultos e se envolvia em jogos genitais na idade de três anos (provavelmente até antes), mas acabava apanhando brutalmente da mãe quando acontecia de ser pega. Também é bastante comum as crianças serem educadas com muita severidade em relação a um aspecto específico, porém no mais serem deixadas inteiramente por conta própria. Por exemplo, o pai de uma paciente era extremamente conscienciso quanto a fazer com que as crianças comessem na hora certa e esvaziassem todo o prato, mas fechava os olhos para as brincadeiras delas com fezes, masturbação e assim por diante. Igualmente comum é o caso de crianças menos supervisionadas desenvolverem inibições pulsionais imperfeitas até que um dia os pais decidam que "a situação está fora de controle" e dêem "um basta de uma vez por todas", com firmeza. Como todo educador atento tem muitos comentários sobre esse assunto, deixarei de enumerar mais possibilidades. A educação inconsistente com inibição pulsional insuficiente, de um lado, e a frustração isolada, concentrada ou súbita (que muitas vezes chega quando já é tarde demais), de outro, são aspectos comuns do desenvolvimento do caráter impulsivo.

Aqui a ambivalência adquire formas características. Ora prevalecem o ódio e o medo constantes das figuras parentais, com simultânea impulsividade não inibida (às vezes reforçada por reações rancorosas), ora – o que também é freqüente – existe uma ânsia intensa e insatisfeita por amor, em contraste com o ódio intenso. Por conseguinte, o fato de essa progressão assumir a forma sádica ou a masoquista dependerá de outros fatores. Embora a ânsia intensa por amor esteja presente, a incapacidade de amar é sempre evidente nesses casos e se define de modo mais nítido que na simples neurose sintomática.

Quando comparada à ambivalência da neurose compulsiva, pode-se ver uma diferença fundamental, pois as formações reativas são imperfeitas e, por isso, os impulsos sádicos se expressam de forma mais ou menos completa. No compulsivo típico, a ambivalência se converte numa atenção aparentemente sem sentido voltada para detalhes ou assuntos sem importância. Essas mudanças podem acontecer igualmente no caráter impulsivo, mas, nos casos típicos, sempre continua evidente a relação ambivalente com o objeto original ou um substituto conveniente. Nesse tipo de caráter, o dano causado pelas figuras parentais é óbvio; na neurose simples, esse dano é ocasionalmente visível, mas na maioria das vezes não existe, ou pelo menos não é mais flagrante que em indivíduos saudáveis. Os caracteres impulsivos sofreram danos graves e repetidos na infância, enquanto na neurose sintomática não ocorreu esse dano, ou ocorreu só ocasionalmente. Situações características, como aquelas vividas por pessoas saudáveis (como ameaças de castração, presenciar os pais mantendo relações sexuais etc.), adquirem formas particularmente bizarras no caráter impulsivo. Entre os motivos para isso estão a punição muito cruel para um mau comportamento leve, a sedução freqüente por um dos pais ou o crescimento num ambiente sádico. Há todo tipo de nuança concebível entre o mau casamento de um indivíduo mediano e os excessos violentos no casamento de um alcoólatra. O pressuposto de Freud de que as neuroses e as formações de caráter patológicas na maior parte são adquiridas se mantém particularmente verdadeiro nesse tipo de paciente[43]. É óbvio desde o princípio que um ambiente caracterizado pela inibição incompleta das pulsões não apenas produz formações imperfeitas do ideal do ego numa criança, mas também, mais tarde, faz com que a inevitável frustração do impulso seja mais brutal do que em geral é necessário. Isto leva à ambivalência grave do caráter impulsivo, que pode alegar – e com razão – o fato de não ter sido ensinado de outra maneira. A incongruência parental se reflete mais tarde nas atitudes inconsistentes da criança com relação ao seu ambiente. No entanto, seria totalmente incorreto falar de falta de ideais do ego nesse contexto. O ideal do ego contrário às pulsões foi criado e está presente; ao mesmo tempo, o ideal do ego que aceita e afirma as pulsões foi adquirido. Se não fosse assim, o resultado seria impulsividade sem inibição, sem formações neuróticas, como no caso de alguns tipos associais, em que essas formações estão completamente ausentes.

Os sentimentos de culpa onipresentes, principalmente nas formas masoquistas do caráter impulsivo, também indicam uma posição forte do ideal do ego. No entanto, a força dessa posição deve ser paralisada de algum modo para que as moções pulsionais não inibidas sejam efetivadas.

A formação patogênica do superego, condicionada sobretudo por elementos externos, também recebe a influência de um fator interno de predisposição comum a todos os caracte-

---

43. Rousseau fala de "inclinações tolas atribuídas à própria natureza e meramente incutidas pela educação", nas suas *Confissões*.

res impulsivos, a saber, a prontidão sexual anormalmente precoce, observável com regularidade, e a ênfase indevida em todas as zonas erógenas. Demonstrei que a sexualidade genital em particular era completamente desenvolvida nesses indivíduos numa idade anormalmente precoce. Nos indivíduos levemente neuróticos e nos saudáveis, a atividade sexual na primeira infância é lugar-comum; especificamente, parece que a fase genital atinge o pico, via de regra, por volta dos quatro ou cinco anos de idade. Em alguns casos, a conseqüência é uma atividade em que a pulsão está completamente inibida, e a sexualidade e o desejo incestuoso nunca vêm a ser conscientes de forma plena e sensual, embora estejam presentes inconscientemente com toda a intensidade. Ao contrário, os caracteres impulsivos vivem não só a sexualidade plena numa idade muito precoce, como também o desejo incestuoso *consciente*. Desse modo, uma fase sexual não se resolve pela seguinte, como na neurose sintomática, mas as pulsões parciais coexistem com intensidade mais ou menos igual. Descobrir-se-á que as brincadeiras de infância desses indivíduos são caracteristicamente perverso-polimorfas. Devido à negligência de seu ambiente, eles presenciaram e compreenderam muito mais sobre a vida sexual adulta do que em geral ocorre na neurose simples. Por isso, o período de latência nem sequer chega a ser ativado, ou isso se dá apenas de maneira muito inadequada. Considerando o importante papel do período de latência no desenvolvimento do ego humano com referência à sublimação e à formação reativa, pode-se avaliar melhor o dano causado nessa fase. Como o caráter impulsivo não experimenta essa latência, o início da puberdade é acompanhado de uma drástica irrupção da sexualidade, que nem a masturbação, nem a relação sexual compensam devidamente, uma vez que toda a organização libidinal está dilacerada entre a decepção e os sentimentos de culpa.

O caso relatado a seguir é altamente instrutivo neste contexto, porque exemplifica não só uma estrutura libidinal perverso-polimorfa, como também a função dos sentimentos de culpa observados em outras formas do caráter impulsivo. Também servirá de introdução a uma discussão posterior sobre o "superego isolado".

SOBRE A QUESTÃO DOS CASOS FRONTEIRIÇOS (BORDERLINE)

O caso em questão é o de uma neurose compulsiva, que sugeria também um diagnóstico de esquizofrenia.

Uma paciente de dezenove anos de idade procurou tratamento por causa do pensamento torturante de que o mundo ia acabar ou se desintegrar toda vez que ela fizesse algo errado. Sempre que havia trabalho por fazer, seus pensamentos disparavam: "Por que devo trabalhar se, de qualquer maneira, o mundo vai acabar amanhã?" No dia seguinte, ela sempre ficava muito surpresa ao perceber que o mundo "não tinha acabado, afinal". No entanto, não demonstra nenhum traço de angústia manifesta; suas fantasias escatológicas são acompanhadas de sentimentos de desesperança e desolação – "tudo morreu e acabou; às vezes fico surpresa de ver gente ainda andando para lá e para cá". Embora essa despersonalização sempre esteja associada com suas fantasias escatológicas, aparece independentemente várias vezes por dia. No início do tratamento, ela não achava que suas fantasias fossem patológicas e afirmou que acreditava firmemente na possibilidade do fim do mundo. A paciente por vezes dá a impressão de estar perdida e balbucia distraída durante a conversa, falando de forma incoerente, com o olhar perdido no vazio. Minha primeira impressão foi de demência precoce, que pareceu se confirmar quando os pais contaram que muitas vezes ela ficava num estado de devaneio durante dias e não tinha vontade de trabalhar.

Antes de continuar meu relato, gostaria de mencionar que a irmã mais velha e mais bonita dessa paciente era totalmente bem ajustada e aparentemente não apresentava sintomas neuróticos. O pai é um indivíduo vigoroso, diligente, irascível, irritadiço, dominador e inteligente. A mãe visivelmente tem boa saúde, porém demonstra uma certa limitação intelectual.

Os sintomas tipicamente esquizóides mencionados anteriormente contrastam com um comportamento que indica uma relação intensa com o mundo externo caracterizada por obstinação e rebeldia, especialmente para com os pais e a irmã. A paciente se acha inferior ao extremo e incapaz de realizar o que seja, embora se espere muito dela. Sempre quis aprender todas as profissões, compreender matemática, entender sobre a construção de mecanismos, e acha que sua incapacidade para isso é uma limitação oriunda do fato de ser mulher em vez de homem. Quando vê uma menina aprendendo a andar de bicicleta na rua, pensa imediatamente que um homem seria muito mais capaz e considera opressiva a falta de jeito da menina. Seus sentimentos de inferioridade estão estreitamente relacionados com a tendência consciente de se torturar. Só para citar um exemplo: ela aprendeu a cozinhar, achava-se muito inferior, muitas vezes fazia tudo errado de modo deliberado e consciente e seu maior prazer era ser repreendida por isso pela mãe. Ela mesma admite ter cometido muitos erros propositadamente para irritar as pessoas e ser repreendida depois. Aprendeu a costurar, mas desperdiçava materiais de propósito para ser demitida. Durante a análise, comporta-se de modo desafiador, rebelde e, depois de algumas sessões, perguntou: "Bem, por que *você* não me põe para fora?" A tortura que inflige a si mesma é acompanhada regularmente de fantasias escatológicas. Porém ela também tortura os outros, principalmente a mãe. Por exemplo, ela tenta fazê-la tropeçar para que "caia e se espatife". Diverte-se inventando fantasias cruéis com objetivos masoquistas, e sádicos também. Eis alguns exemplos dessas fantasias: uma espada lhe atravessa a vagina e penetra o corpo até reaparecer no alto da cabeça; ou ela é forçada a andar de pés descalços sobre uma prancha de pregos, o que a faz sangrar.

A primeira fantasia está relacionada a um caso de gonorréia que ela teve aos quatro anos de idade – como afirmou com precisão –, contraída supostamente da governanta. Ela também situou o início de sua "loucura" nessa idade. Esteve sob os cuidados de um especialista durante seis anos, e a fantasia da espada tem base real na dor que ela sofreu com a dilatação do colo do útero. A segunda fantasia estava relacionada à sua masturbação incessante e contínua desde a mais tenra infância. Começou com quatro anos, ocasião em que o pai fez as habituais ameaças de castração, amarrou-lhe as mãos durante a noite etc. Todas as fantasias sádicas têm sua origem nas fantasias masoquistas. Falava para a mãe nestes termos: "Pegue uma tábua, encha-a de pregos e bata com ela na cabeça do pai" ou "Fique de pé no peitoril da janela e pule para fora. Se eu estiver comendo nessa hora, não pense que vou tentar detê-la. Vou simplesmente terminar a minha refeição e depois vou descer no quintal para ver o seu cadáver esmagado." A paciente não acha esses comentários nem ofensivos, nem mórbidos. Ela os relata tranqüilamente, sem mostrar nenhum sinal de emoção. Em outras ocasiões, é capaz de passar os braços ao redor da mãe e beijá-la. Durante a análise, foi um trabalho longo e intenso convencê-la de que suas fantasias escatológicas, aparentemente ligadas a incidentes triviais, correspondem na realidade a seus sentimentos de culpa, que, por sua vez, são conseqüência de seus impulsos sádicos. Ela acha muito divertido dobrar os dedos em forma de "garras" perto dos olhos da mãe, como que para cegá-la.

A paciente se sente oprimida pelo pai, mas o respeita mesmo assim porque ele é "esperto" e o homem da casa. O pai, um indivíduo aparentemente sádico ao extremo, batia nas crianças sem dó (quase sempre com chibatadas) pelo mais leve mau comportamento. Apesar disso (ou na verdade exatamente por isso, de acordo com sua atitude masoquista) ela o respeita, e, como até incorporou partes do caráter dele na sua própria personalidade, comporta-se com a mãe exatamente como ele o faz. Quebra pratos quando está brava e é cruel e hostil com a mãe, enquanto admira e adora (pelo menos na fase posterior da vida) sua grande rival, a linda e protegida irmã – também nisso fazendo como o pai. A mera presença da mãe a irrita: "ela é burra, fraca, agüenta tudo e não merece respeito".

É óbvio quanto o ideal do pai brutal se disseminou no próprio ego da paciente e com que intensidade ela se identifica com ele. Além disso, existe em nível mais profundo a submissão masoquista ao pai paralelamente à atitude sádica para com a mãe. Tanto as tendências sádicas como as masoquistas são completamente conscientes, e é precisamente essa plena consciência que caracteriza este caso quando o comparamos a uma neurose simples, em que essas tendências costumam estar fortemente racalcadas. Também falta à paciente a típica escrupulosidade exacerbada compulsiva; ao contrário, ela é normalmente bastante inescrupulosa.

Contudo, pode-se observar algo equivalente à escrupulosidade compulsiva em seu principal sintoma: as fantasias escatológicas. Estas correspondem a enormes sentimentos de culpa com relação à mãe, apesar de associados a incidentes triviais, banais. (Seguir-se-á uma determinação mais ampla, em profundidade.) A transferência de sentimentos de culpa a acontecimentos triviais implementou em primeiro lugar sua atitude sádica manifesta. Na análise, consegui reconstruir a ligação original, e só depois disso a paciente começou a perceber que seus impulsos sádicos com relação à mãe eram compulsivos. Nesse ponto, a impulsividade tornou-se um sintoma compulsivo característico.

No neurótico compulsivo típico, os sentimentos de culpa estão ligados diretamente ao sintoma, supondo que exista um pensamento ou impulso compulsivo evidenciado. Em contraste com isso, um dos mecanismos típicos do caráter impulsivo é a separação nítida entre os impulsos sádicos e os sentimentos de culpa. Como mais uma prova, posso acrescentar que, nos compulsivos excessivamente escrupulosos que recalcaram os impulsos sádicos por completo, os sentimentos de culpa também se ligam a fatos triviais, da mesma maneira que no caráter impulsivo.

Mais adiante examinarei precisamente a questão mais importante relativa ao caráter impulsivo, isto é, o que determina a separação entre os sentimentos de culpa e o sadismo manifesto. Por enquanto, reconstruirei a história da libido desta paciente, cuja sexualidade é desinibida ao extremo.

Ela se masturba quase diariamente, com fantasias masoquistas em abundância e sem sensação orgástica. Não tem relações sexuais. Além disso, pode-se caracterizar sua estrutura libidinal como inteiramente perverso-polimorfa. Uma fantasia de masturbação era comer (na companhia do pai) vaginas recheadas, que eram primeiro extirpadas e depois enchidas de fezes. Aqui vemos elementos dos três estágios libidinais: o comer (oral) em vez do coito; vaginas (genital); recheadas de fezes (anal). A fantasia toda é basicamente masoquista, uma vez que ela é forçada a fazer isso. Fantasias normais de coito manifesto têm papel insignificante, mas os componentes orais das fantasias de masturbação têm sua própria história muito particular. Na infância, a paciente e a irmã eram muito enjoadas e faziam muita fita para comer. Para combater isso, o médico (!) da família recomendou que fossem forçadas a comer de todas as formas possíveis e, caso vomitassem, fossem obrigadas a comer o vômito também. Isso aconteceu de fato muitas vezes. É bem compreensível que posteriormente a paciente não tenha conseguido recalcar nem sublimar as tendências orais e anais e persistiu ingerindo fezes e secreção vaginal até a idade de sete ou oito anos. Até a época da análise ela achava altamente prazeroso esfregar entre os dedos as secreções vaginais.

Fantasias com o útero também eram predominantes na sintomatologia do caso, bem como no desenvolvimento da libido. Juntamente com as fantasias escatológicas, que em última análise eram ditadas pelos sentimentos de culpa e significavam uma regressão temporária ao útero, havia também uma imagem visual: ela se imaginava deitada dentro de um "globo terrestre". O desenho a seguir foi feito pela própria paciente.

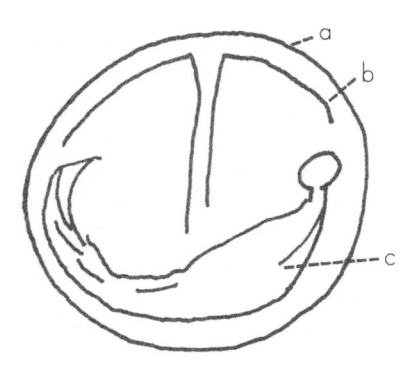

a) o globo terrestre, c) a própria paciente, e b) as "pálpebras" que, como um "leque" aberto, "delineiam a parte de dentro correndo na direção do meu corpo".

Não hesito um momento sequer em interpretar essa descrição como uma fantasia de útero[44].

Para compreender bem toda a estrutura libidinal de uma paciente como essa, devemos compará-la à que se observa na histeria clássica e na neurose compulsiva. Na histeria de angústia pura encontramos, na análise, a libido genital recalcada como o fator patogênico central. Mesmo que um fator libidinal diferente venha à tona no decorrer da análise em profundidade ou na sintomatologia original, ainda não temos motivos para duvidar que a principal fixação na histeria de angústia pertence à fase genital. De acordo com Freud, a histeria é um distúrbio da fase genital. Quando, numa histeria do tipo de conversão oral – por exemplo, o vomitar histérico –, encontramos uma fixação oral no centro de um perfil libidinal, em geral não demora muito para que o significado e o propósito do sintoma oral, bem como a análise de toda a personalidade do caráter histérico, demonstrem que a zona oral adquiriu significado genital ("deslocamento para cima", como definiram Freud e Ferenczi). Na típica neurose compulsiva pura com impulsos sádicos ou rituais de limpeza de fundo erótico-anal, a fixação sádico-anal pré-genital tem importância central (Freud). Isso gera os sintomas e também dá ao caráter compulsivo sua marca específica (isto é, exageradamente escrupulosos e metódicos etc., como formação reativa contra os impulsos sádicos e anais). Na melancolia, a fixação oral é de importância essencial, um fato provado de modo conclusivo por Abraham e claramente observável por qualquer clínico com formação analítica. No caso de neurose

---

44. Eu gostaria de chamar atenção para o posicionamento peculiar do leque. Lembra detalhadamente a posição da membrana amniótica. Nem vou esboçar nenhuma tentativa de interpretação, mas quero mencionar que, até onde consegui descobrir, a paciente nunca tinha visto nenhum desenho da posição fetal e que essa fantasia existiu desde a mais tenra infância.

compulsiva e histeria combinadas, do mesmo modo não será difícil relacionar, pela análise profunda, os diversos sintomas e traços específicos de caráter aos pontos de fixação correspondentes. Embora uma série de importantes questões ainda não resolvidas se concentre na questão do ímpeto do desenvolvimento que leva da fase sádico-anal à fase genital, isso não passa de um problema etiológico específico. Nas formas mais puras e mais brandas de histeria e neurose compulsiva, porém, podem-se estabelecer a fixação circunscrita, o retardo de desenvolvimento de uma parte da personalidade e posições libidinais mais ou menos bem definidas. Em um caráter impulsivo acentuado, como neste caso, não pode haver dúvida desse diagnóstico. Quando se procura relacionar um grupo de atitudes ou sintomas a uma fixação genital ou anal, fica-se obrigado a atribuir igual relevância à fase oral. Uma análise minuciosa também não apresentará nenhum ponto de fixação real em nenhum estágio isolado do desenvolvimento libidinal, mas apenas a coexistência de forças de intensidades mais ou menos iguais oriundas de todas as pulsões parciais conhecidas, em combinações e inter-relações normalmente inseparáveis. Empregando uma analogia bem drástica, a impressão é que um elefante invadiu a loja de porcelanas do desenvolvimento infantil.

Nossa paciente demonstra um comportamento ambivalente nítido e constante tanto para com o pai quanto para a mãe, manifestando-se particularmente nas palavras e ações cruéis para com a mãe. Seu superego tem orientação inteiramente masculina: ela admira o pai forte e grosseiro e assim se comporta como ele com a mãe "boba" e fraca. A identificação é completamente consciente. A origem dos sentimentos de inferioridade que formaram o ponto central de suas queixas pode ser remontada diretamente à identificação com o pai e à inveja da irmã, que ele favorecia.

A análise, porém, mostrou que o pai provavelmente não apenas lhe infligira um dano grave com seu comportamento sádico, não apenas proporcionou o modelo de um ideal do ego sádico, como também tinha a principal responsabilidade pelo caráter incompleto e falho das inibições pulsionais da paciente, uma vez que abordara as filhas com evidentes intenções sexuais. Minha suposição de que a paciente contraíra gonorréia do pai pareceu justificar-se quando fiquei sabendo que ele também sofria de gonorréia crônica. Ela mesma havia situado o início de sua doença aos quatro anos de idade, época da infecção por gonorréia, e sempre foi imensamente desconfiada do pai; nutria fantasias constantes de um "ataque sexual" por parte dele.

O pai também havia prejudicado a capacidade das filhas de controlar os impulsos anais. Ao forçá-las a comer o próprio vômito, ele estimulou tendências coprófilas, presentes desde o começo[45]. Por isso, é compreensível que as pulsões anais tenham sido recalcadas tibiamente. Ele surrava as crianças impiedosamente pela menor das ofensas, enquanto ele mesmo não fazia o mínimo esforço para controlar suas pulsões anais.

Pode-se levantar a objeção de que a irmã mais velha permaneceu saudável apesar de ter sido criada no mesmo ambiente. À guisa de resposta, devo mencionar que essa irmã sempre foi apontada como exemplo, amada com ternura e preferida em qualquer ocasião – fatores todos eles suficientemente capazes de afetar o resultado. De maneira geral, não sei como explicar o destino da libido da irmã, nem tenho meios de saber o que realmente promoveu um resultado favorável. Ela odiava os pais tanto quanto a irmã mais nova, mas conseguiu cortar os laços com eles a tempo.

---

45. A fantasia de vaginas recheadas de fezes.

Nosso caso demonstra acentuados mecanismos de esquizofrenia, bem como de neurose compulsiva clássica. Alguns leitores diagnosticá-lo-ão como esquizofrenia pura. A natureza do sintoma compulsivo principal (fantasia escatológica) é esquizofrênica tanto no conteúdo quanto no modo de experiência. A tendência da paciente para o autismo, suas falhas de recalque e a consciência dos desejos sexuais, tudo isso fala a favor da esquizofrenia. Todavia, na ausência de delírios ou alucinações, faltam a dissociação emocional evidente e a confusão, necessárias a um diagnóstico rigoroso. Embora não haja atualmente perspectiva de um diagnóstico definitivo, não considero inútil discutir o que é mais provável, se a esquizofrenia ou a neurose compulsiva; somente uma continuação da análise pode determinar isso. Se eu empregasse o conceito mais amplo de esquizofrenia de Bleuler[46], tenderia a um diagnóstico de esquizofrenia latente com sintomas compulsivos. Por outro lado, se utilizasse a definição mais restrita de Kraepelin[47], deveria excluir a demência precoce, classificando a paciente, mesmo assim, na "categoria psicopática" por ele definida como "estágios preliminares não desenvolvidos de psicose real". Vê-se que toda a discussão poderia facilmente acabar numa disputa semântica.

A discussão teórica de "casos fronteiriços" é ainda mais pertinente a esta altura, na medida em que meu ensaio tem a ver com um estado patológico que manifesta, numa maioria representativa de casos, não apenas diversos sintomas esquizofrênicos isolados, mas também uma estrutura libidinal completa, desequilibrada tanto em seus aspectos autistas quanto

---

46. "Dementia Praecox oder Gruppe der Schizophrenien", *Handbuch der Psychiatrie* (1911) / *Dementia Praecox, or the Group pf Schizophrenias* [Demência precoce ou o grupo de esquizofrenias] (1950).

47. *Klinishe Psychiatrie* (1916) / *Lectures on Clinical Psychiatry* [Conferências sobre Psiquiatria Clínica] (1916).

no que se refere à libido objetal. Por isso, em quase todos os diversos casos de caráter impulsivo, devemos nos perguntar se não estamos, na realidade, diante da esquizofrenia.

Por enquanto, do ponto de vista psicanalítico, só se pode responder a essa pergunta em função da dinâmica libidinal. Mesmo na psicanálise existe a idéia de uma "esquizofrenia latente", mas isso não pode ser interpretado como se implicasse a existência de uma postura esquizofrênica real, apenas obscurecida por sintomas e atitudes oriundas de uma neurose de transferência. Tal suposição contradiria completamente os princípios da dinâmica libidinal, tal como os percebemos, e introduziria um ponto de referência estático numa área que só pode ser compreendida dinamicamente. Enquanto faltarem sintomas esquizofrênicos típicos, como estupor, delírios, discurso incoerente e alucinações, não podemos usar o termo "esquizofrenia" nem "esquizofrenia latente". Se, entretanto, de fato utilizarmos essa útlima expressão, devemos sempre ter em mente que ela pode apenas implicar uma tendência grave para desconectar a libido do mundo externo. Em geral, deduz-se a esquizofrenia latente a partir de uma posição libidinal narcísica exacerbada. Porém existem neuroses que nada têm a ver com a esquizofrenia, apesar de apresentarem uma posição narcísica que nada deixa a dever à intensidade observada no narcisismo esquizofrênico. Por outro lado, alguns esquizofrênicos paranóides também manifestam ligações objetais muito intensas.

Até agora, não foi dada nenhuma resposta satisfatória à pergunta de como a posição narcisista na esquizofrenia difere daquela da neurose de transferência narcisista, inacessível. Não tenho de modo algum a intenção de abordar essa questão aqui, mas a investigação analítica contínua de casos fronteiriços, como o representado por essa paciente, deve servir de advertência contra considerar a esquizofrenia um produto acabado que depois "se torna manifesto". Certa vez, tratei uma psicopata de quarenta anos que dava a impressão de ser uma esquizofrênica latente desde o início da juventude, particularmente depois da puberdade. Era uma pessoa briguenta que julgava ter sido maltratada por todos e perseguida pelo destino. Sofria de estados muito parecidos com o estupor catatônico, bem como de fobias, fantasias e impulsos compulsivos, e sintomas conversivos. A paciente fora tratada algumas vezes na enfermaria de observação psiquiátrica e diagnosticada primeiro como psicopata, depois como neurótica compulsiva e finalmente como parafrênica, sem que a doença apresentasse mudança substancial desde a puberdade. Algumas neuroses compulsivas, que podem ser classificadas como ciclotímicas devido ao padrão rítmico de suas depressões, parecem excluir inteiramente a possibilidade de esquizofrenia. Em outras, a relação com a esquizofrenia parece muito próxima (como no caso que escolhi, por exemplo).

O problema todo fica mais claro se nos libertamos do viés, ainda muito predominante nos círculos analíticos, de pensar que a natureza orgânica da esquizofrenia (Jaspers[48] fala em "processo" esquizofrênico) é diferente em princípio das outras neuroses "psicogênicas". Schilder[49] também ainda compartilha dessa opinião. Na literatura psiquiátrica, o vínculo entre o surgimento de uma psicose e as experiências reais é muitas vezes desconsiderado, porque os autores estão muito envolvidos com o conceito de psicose já pronta, préformada organicamente. Hartmann[50] teve a oportunidade de

---

48. *Psychopathologie* (1920) / *General Psychopathology* [Psicopatologia geral] (1963).
49. *Seele und Leben. Grundsätzliches zur Psychologie der Schizophrenie und Paraphrenie, zur Psychoanalyse und zur Psychologie überhaupt* [Mente e vida. Considerações fundamentais sobre a psicologia da esquizofrenia e parafrenia, psicanálise e psicologia em geral] (1923).
50. "Ein Beitrag zur Lehre von den reaktiven Psychosen" [Uma contribuição para a teoria das psicoses reativas], *Monatsschrift für Psychiatrie und Neurologie* (1925).

observar duas irmãs que ficaram esquizofrênicas ao mesmo tempo quando o pai delas morreu. Como conciliar esse fato com o conceito de psicose pré-formada? Foram consideradas especificamente duas perspectivas: a hipótese de que a etiologia esquizofrênica é endócrina ou, principalmente a partir de Kretschmer[51], de natureza constitucional. Nenhuma dessas hipóteses contradiz a teoria psicanalítica. Freud considerou durante um longo período a possibilidade da etiologia endócrina, mesmo na neurose de transferência, e todo o seu conceito de zonas erógenas, que ocupa posição tão importante e central em sua teoria da neurose, tem por base essa mesma hipótese ("hormônios sexuais"). Todavia, isso não explica a principal diferença entre neurose de transferência e esquizofrenia. A hipótese de um conjunto específico de constituições esquizofrênicas – os "fenômenos esquizóides" (Kretschmer), por exemplo – também não contradiz os aspectos psicogenéticos. Esse conjunto de fenômenos esquizóides abarca, todavia, um espectro bem mais amplo do que apenas o campo da esquizofrenia. A neurose compulsiva e especialmente a histeria também pertencem a esse grupo. Mesmo as alterações patológicas no córtex encontradas em esquizofrênicos demenciados idosos não contradizem nossa teoria, porque, antes de tudo, não sabemos que mudanças (talvez citoarquitetônicas) ocorrem na histeria e na neurose compulsiva (até agora, não se descobriu nenhuma) e, além do mais, a escassez e a inadequação dos achados que temos são desproporcionais à freqüência da esquizofrenia. Isso continua correto mesmo se passarmos por cima de uma questão que merece discussão, a saber, se essas mudanças, que duraram décadas em casos de

---

51. *Körperbau und Charakter. Untersuchungen zum Konstitutionsproblem und zur Lehre von den Temperamenten* (1921) / *Physique and Character: an Investigation of the Nature of Constitution of the Theory of Temperament* [Compleição e caráter: uma investigação da natureza da constituição e da teoria do temperamento] (1925).

demência, não poderiam ser interpretadas como "atrofias por inatividade". Admitindo essa hipótese, ainda resta a questão de como uma neurose compulsiva se transforma em esquizofrenia. Em qualquer circunstância, acho que nos será mais vantajoso não construir nenhuma divisão estanque entre as duas doenças. As inter-relações entre elas são óbvias[52].

Ao analisar caracteres impulsivos, é possível observar formações delirantes transitórias *in statu nascendi*, mas também se observa que uma moção pulsional, em geral não percebida como compulsão, transforma-se em ação compulsiva. Nesses casos, só a forma muda, enquanto o conteúdo permanece o mesmo. Um paciente meu com eritrofobia apresentou uma obsessão de perseguição e ofensa totalmente sistematizada durante cinco dias, durante a análise, devida a uma transferência homossexual aguda. Ele disse que era ariano, e

---

52. A questão da etiologia esquizofrênica recebeu sua sistematização clássica em um artigo de Wilmanns ("Die Schizophrenie"). Nele o autor deu o devido crédito ao ponto de vista psicanalítico. Também compilou uma bibliografia completa sobre o assunto.

Todos os casos de caracteres impulsivos com forte mistura de problemas sociais que investiguei ou simplesmente observei compartilham um traço em comum, qual seja, a presença de ações não inibidas desde a mais tenra infância. Gerstmann e Kauders ("Über psychopathieähnliche Zustandsbilder bei Jugendlichen" [Sobre o contexto quase psicopático da mente na juventude], 1924) publicaram agora interessantes relatos clínicos de indivíduos que também desenvolveram uma natureza impulsiva associal, bem como hipercinesia, que surgiram depois de encefalite. A análise não deve negligenciar essas possibilidades. Todavia, os casos citados não passaram por um exame minucioso, no que tange à personalidade pré-encefalítica do paciente e, em particular, não há menção sobre as transformações da libido. Não podemos tirar mais conclusões, mas deve-se mencionar que o problema do quanto de responsabilidade tem a doença cerebral nos processos psicogenéticos foi discutido muitas vezes, principalmente por Schilder. É absurdo sustentar que uma doença do diencéfalo "cria" tendências associais, como se se afirmasse que os delírios são "produzidos" por dano cerebral na paralisia geral. Ocasionalmente, pode ocorrer o caso de um processo somático interromper uma seqüência puramente psíquica. ("Cortex-Stammganglien: Psyche-Neurose" [Córtex-gânglios da base: psiconeurose], 1922, e "Über den Wirkungswert psychischer Erlebnisse und über die Vielheit der Quellgebiete der psychischen Energie" [Sobre o valor efetivo das experiências psíquicas e sobre a multiplicidade das fontes de energia psíquica], 1923).

eu, judeu; portanto eu deveria necessariamente querer feri-lo de alguma forma. Achava que eu o espiava; tinha medo de mim; disse que eu era um porco sensual, tinha lábios sensuais e lhe lançava olhares sensuais. Na realidade, ele simplesmente projetou em mim desejos homossexuais que haviam aflorado na análise pouco tempo antes. Depois que essa fase amainou, reconheceu os desejos como seus e começou a se acusar de sensual, de fazer amor com olhares etc. Como H. Deutsch[53] explicou de modo tão convincente, as causas da desconfiança neurótica exagerada (especialmente nos neuróticos compulsivos) são as próprias tendências sádicas recalcadas e atribuídas à outra pessoa. Todos conhecemos o papel que tem a desconfiança na paranóia. Uma paciente, que será estudada posteriormente e na qual o diagnóstico de esquizofrenia não poderia ser excluído, apresentou uma fase alucinatória auditiva e visual passageira durante a terapia. Ela recebera a notícia da morte de uma pessoa amada, mas não queria acreditar; ouvia a voz da pessoa, ouvia-a bater na porta e via nitidamente essa pessoa parada na frente dela durante o tratamento. A negação acentuada da perda que sofreu e o desejo de que essa pessoa estivesse viva eram satisfeitos na alucinação. Em todos os casos como esse, o teste de realidade está temporariamente obliterado, fazendo com que o conteúdo de uma experiência seja percebido como delírio. Os casos dessa categoria tendem especialmente à debilitação temporária do teste de realidade. Não pode haver dúvidas de que isso se relacione com um retraimento do investimento (*cathexis*), isto é, uma regressão narcísica. Gostaríamos de saber mais sobre a natureza dessa ligação. A inundação do ego pela libido narcísica deve efetuar mudanças naquela parte da mente

---

53. "Zur Psychologie des Misstrauens" [A psicologia da desconfiança], *Imago* (1921).

consciente que recebe os estímulos perceptivos (o sistema perceptivo de Freud) e controla o senso crítico de realidade. Parece que a via que conecta o "reservatório narcísico" à posição libidinal objetal é bem mais larga nesses casos que na neurose de transferência pura. Numa visão grosseira, pode-se supor que a "amplitude" da comunicação entre o mundo externo e o ego possibilita essa grande prontidão para a retirada. A libido desses pacientes está constantemente flutuando, e a mais leve frustração ou decepção na realidade é seguida de um retraimento agudo do investimento (*cathexis*). A diferença entre isso e a retirada da libido na neurose de transferência simples sem mecanismos esquizofrênicos já foi esclarecida por Freud: o neurótico de transferência retira sua libido dos objetos reais depois de uma decepção e a investe em objetos fantasiados por ele. Os esquizofrênicos, ou melhor, os neuróticos de transferência com mecanismos esquizofrênicos do tipo apresentado no caso que usamos para ilustração, desviam a libido retraída para o ego, chegando a abandonar o investimento da fantasia. Neste sentido, o investimento da fantasia libidinal objetal funciona como salvaguarda contra a regressão narcísica. Qualquer via ampla para o autismo, independentemente de sua natureza ou origem, sempre influenciará de forma desfavorável a decisão de reter o investimento da fantasia.

Isolamento do superego

O caso discutido na última seção pode ser considerado paradigma para um grupo de caracteres impulsivos com mecanismos em parte compulsivos e em parte esquizofrênicos, como se tem muitas vezes a oportunidade de observar na enfermaria psiquiátrica. Um exame analítico desses casos oferece ao observador treinado um meio melhor de compreender outros neuróticos com mecanismos similares. Meu caso deixou, no entanto, muitas perguntas sem resposta. A principal dificuldade encontra-se na minha incapacidade de deduzir, a partir da estrutura de superego da paciente, uma explicação convincente para sua falta de recalque. A característica mais surpreendente de seu ideal do ego – a tentativa de imitar o pai em qualquer aspecto (superego paterno) – também é uma característica de neuróticas compulsivas cujo recalque é imperfeito apenas na esfera dos sintomas, mas que de resto está intacto.

É fato bem conhecido que, quando se busca a resposta para uma pergunta essencial, é preciso muitas vezes esperar um caso adequado que de repente lance luz sobre outros casos similares.

Uma paciente com masoquismo genital, cujo caráter permanecia inteiramente infantil e cuja análise comecei um ano e meio atrás, proporcionou as explicações que eu procurava há tanto tempo. A estrutura de seu ego era relativamente fácil de compreender, uma vez que este estava construído de maneira mais simples do que a personalidade de minha última paciente ou de outros caracteres impulsivos que tive a oportunidade de tratar. As posições mais essenciais da libido permaneceram bastante constantes desde a mais tenra infância, tornando desnecessário deslindar complicações adicionais posteriores, que em geral confundem o quadro.

Lembrem-se da pergunta proposta no começo desta discussão. Em síntese, era: como pode a impulsividade não inibida coexistir com a amnésia e o recalque? Em outras palavras, qual é a natureza do ideal do ego, que existe sem dúvida, mas não preenche inteiramente sua função conhecida de recalque da pulsão?

Uma paciente solteira, de vinte e seis anos de idade, veio em busca de tratamento na clínica psicanalítica ambulatorial devido a uma excitação sexual contínua. Ela queria se satisfazer, mas nada sentia durante o coito, nem mesmo a penetração. Ficava deitada, "tensa" e "esperando" chegar à satisfação. Ao menor movimento corporal, qualquer sensação prazerosa desaparecia imediatamente. Além disso, ela sofria de insônia, ansiedade e masturbação excessiva. Masturbava-se com o cabo de uma faca até dez vezes por dia, ficando extremamente excitada, porém não se permitia chegar ao clímax. Interrompia a fricção várias vezes até ficar completamente exausta. Ora não chegava ao orgasmo, ora causava deliberadamente um sangramento genital, atingindo em seguida a satisfação proveniente das fantasias masoquistas que acompanhavam o ato. O sangramento da vagina era a fonte de sua satisfação. Ela fantasiava uma penetração profunda no útero:

"Só consigo me satisfazer no útero." Durante a masturbação, alimentava fantasias de que seus genitais eram uma menininha chamada Lotte. Mantinha uma conversação constante com ela, assumindo o papel das duas partes. "Agora, menina, você vai se satisfazer" (durante a análise); "Veja, o doutor está com você. Ele tem um lindo pênis comprido, mas ele deve machucá-la." Lotte: "Não, por favor, não quero que machuque." (*Ela grita*.) "Você deve sofrer um castigo por sua sexualidade, sua vagabundinha. É preciso machucá-la mais ainda; a faca vai sair pelas suas costas", e outras conversas semelhantes. A masturbação era um pecado mortal para a paciente; nenhum castigo podia ser suficientemente severo. Durante o ato, ela fantasiava conscientemente com todos os homens conhecidos seus, mas também "Mamãe", uma analista que a tratou durante oito meses. (Depois de dois anos de remissão, a paciente sofrera uma recaída.)

O pai da paciente, sua irmã mais velha e um irmão mais novo ostentavam boa saúde e pareciam bem ajustados, porém o pai aparentemente se encontrava subjugado por uma mulher tirânica, num casamento infeliz. A mãe era ambiciosa, sem afeto, austera e, ao mesmo tempo, extremamente competente. Ela sempre foi a chefe da casa. Um irmão mais velho cumpre sentença de prisão por estupro.

A paciente se sentia maltratada e rejeitada pela mãe e tentava assumir esse mesmo papel de criança não amada também na intensa transferência (esse processo dominou quase que inteiramente a análise). Após a resolução da ligação com a analista, sua ambivalência com relação à mãe aflorou por inteiro. Ela começou a ansiar pela "Mamãe", mas no começo não reconheceu isso como anseio pela própria mãe, porque não seria possível amar uma mãe que sempre a rejeitou, bateu nela, maltratou-a e negligenciou-a (isso era mesmo verdade). Ela fantasiava ser cuidada pelas "Mamães" atuais que escolhera, e seu desejo de voltar ao útero era um tema predominante. Suas queixas de ter de sofrer por causa dos outros e agüentar o castigo pelas maldades deles passaram a ser compreensíveis quando veio à tona uma fantasia que teve aos oito anos: a mãe trabalhava em uma taverna, e ela, em outra. A mãe, cujo casamento com o pai era amedrontador, recebia visitas freqüentes de um senhor alto a quem se referia como "conde". Uma vez, a paciente foi apresentada a esse homem. Depois disso, a filha sentia que estava sendo rejeitada pela mãe porque, na verdade, era filha do conde e, portanto, um constrangimento para a mãe. Fantasiava (não se podia determinar se isso era realidade ou fantasia) que o conde a estuprava com a ajuda da mãe (ver sua fantasia de masturbação). Sente um pênis enorme penetrando-lhe a vagina, causando uma dor horrível. Ela está em um quarto escuro; alguém está gritando que ela não pode chorar, que deve ficar quieta. Mais tarde, a análise desvendou uma fantasia semelhante (ou vaga reminiscência?) aos quatro anos de idade. Os inquilinos de seus pais, dois homens, a levam até o quarto alugado. Um a segura enquanto o outro força a entrada do pênis descomunal na sua vagina. Ela quer gritar, mas não pode. Tinha uma recordação completa de experiências sexuais muito precoces com meninos de sua idade, num porão. Com a idade de dez anos, teve relações sexuais com o irmão mais velho. Aos seis anos, enquanto brincava com seu irmão de dois anos de idade, descobriu o pênis dele e tentou inserir-lhe uma agulha de tricô pelo orifício. Isso provocou sangramento, ao que a paciente puxou a agulha e o menino gritou. Então a mãe bateu nela e puxou-lhe os cabelos.

Aos doze anos, arrumou emprego de babá e, durante dois anos, seduziu seu patrão quase todas as noites sem nunca concretizar uma relação sexual com ele. Aos quinze anos, pensou que tivesse engravidado, e a menstruação cessou durante três anos, recomeçando depois da interrupção de sua primeira análise. Agora ela teve a idéia de amarrar um pedaço de pau à vagina. Posteriormente, chegou muitas vezes ao consultório com um cabo de faca dentro da vagina. Sem isso, não conseguia adormecer.

O começo da masturbação na sua forma atual aconteceu na idade de quinze anos, depois de ela passar a noite no mesmo quarto que o pai. Teve um pesadelo, mas esqueceu qual foi. Acordou na manhã seguinte deitada no chão. A armação da cama estava quebrada e o pai lhe perguntou, sem dar nenhuma informação, o que ela havia feito durante a noite. Esse detalhe particular não foi esclarecido na análise até o presente momento. No entanto, parece provável que a proximidade com o pai a tenha excitado, suscitando o pesadelo. Também parece provável que ela tenha se masturbado.

A recaída aconteceu depois que ela conheceu um sádico que a chicoteava, puxava seus cabelos, a repreendia e a forçava a cometer atos criminosos. Em duas ocasiões, ela teve de lhe trazer meninas, roubar para ele etc. Ainda assim, chamava-o de "seu melhor amigo", não podia viver sem ele e o seguia durante horas pelas ruas da cidade. Na análise, foi excepcionalmente difícil separá-la dele, o que só se conseguiu finalmente com a ameaça de interromper o tratamento. Então ela imediatamente transferiu a atitude masoquista para o analista: trouxe um chicote na sessão e começou a se despir para ser chicoteada. Somente uma intervenção das mais decididas pôde interrompê-la. Ela me seguiu pelas ruas, me visitou às dez horas da noite em casa, dizendo que não agüentava mais, que eu tinha de ter relações com ela ou chicoteá-la, que precisava ter um filho meu e que só eu podia satisfazê-la. Esse comportamento prosseguiu durante cerca de oito meses e nenhuma explicação de minha parte, nenhuma persuasão conseguia detê-la. Cada vez que fazia algo errado, masturbava-se com mais freqüência e intensidade: "como castigo, devo morrer". No oitavo mês do tratamento, tentou envenenar a irmã mais velha e seu marido. Isso foi constatado de maneira inquestionável em circunstâncias que não posso relatar. Devido à sua amnésia, todo o incidente caiu no esquecimento, embora ela se tenha traído em sonhos e numa masturbação particularmente brutal. Vários dias antes, ela havia trazido veneno de rato na sessão, dizendo que gostava tanto daquilo que tinha de coletá-lo.

Permitiu-se à paciente que permanecesse na análise, desde que respeitasse várias proibições, sob ameaça de interrupção do tratamento.

No décimo quarto mês do tratamento, numa fase mais serena, a paciente se lembrou de cenas no quarto de seus pais, totalmente recalcadas. A partir dessas lembranças, foi possível elucidar as idéias sádicas e as especulações sobre relação sexual e parto, resolvendo boa parte dos medos. A paciente arrumou um emprego e saiu-se bastante bem a partir de então. Como costuma acontecer nesses casos, começou a comer compulsivamente e ganhou bastante peso, o que indicava fantasias orais de gravidez. Para neutralizar sua inclinação a estender a análise por tempo indefinido, estabeleci uma data final de longo prazo (dali a seis meses), uma vez que o fator mais importante aparentemente havia avançado. Durante a conversa sobre as cenas no quarto, ressurgiu a masturbação com sentimentos de culpa, que foi preciso proibir. Esse encaminhamento era particularmente indicado porque já havia dano local, como prolapso e flexão do útero.

Porém, o surgimento de um desejo incestuoso puro, que havia sido completamente recalcado antes, não resultou em autocondenação. Ao contrário, a paciente naquele momento começou a fantasiar conscientemente que tinha relações sexuais com o pai e concebia uma criança.

Às vezes, suas fantasias se transformavam em alucinações vívidas. Enxergava um diabo que zombava dela, dizendo que ela nunca seria capaz de resistir à masturbação, por mais que tentasse. As feições do diabo eram ora as do conde, ora as da mãe. O diabo representava seus desejos brutais e incestuosos, dos quais procurava defender a si, sua mãe e – como o objeto proibido – seu pai.

Resumirei os achados deste caso: deparamos com uma paciente que permaneceu inteiramente infantil tanto na estrutura sexual como na egóica. A masturbação genital masoquista era impulsiva e incontrolável, embora não fosse experimentada como compulsão no começo, nem reconhecida como patológica. O veto da mãe introjetada, "Você não pode desejar seu pai sensualmente e não pode se masturbar", transformou-se em "Você [os genitais, a paciente] é uma prostituta lasciva e tem que morrer de masturbação pelos seus pecados". Portanto, a masturbação funciona como uma conciliação entre a satisfação de fantasias incestuosas ("Eu só posso me satisfazer no útero, com um pênis comprido") e uma combinação desastrosa de desejos de morte e tendências destrutivas relacionadas ao prazer genital. Durante o ato da masturbação, ela se identifica com seus genitais, "a menininha", enquanto seu ego se identifica com a mãe punitiva. O superego excessivamente austero foi totalmente emprestado da mãe e suas exigências são completamente satisfeitas durante a masturbação. A parte do ego derivada da introjeção da mãe está em contradição com o próprio ego subdesenvolvido da paciente, que se caracteriza por:

1. Sua submissão masoquista à mãe punitiva (e mais tarde ao superego);

2. Sua identificação completa com os genitais – com a menininha, o ego-prazer;

3. A ligação objetal genital com o pai, totalmente recalcada; e finalmente

4. A relação oral e uterina com a mãe.

O desejo pelo pênis realmente existe, mas não resultou na formação de um caráter masculino; a paciente permaneceu feminina-infantil, como evidenciou o desejo ativo e consciente de ter um filho.

Na esfera sexual, podemos presumir uma fixação central na fase genital. Esta se ancora de forma masoquista num complexo de castração descomedido e, além disso, compete com a fixação oral em relação à mãe. Mas agora a pergunta que se impõe é se também existe uma fixação do ego neste caso, e em que ponto se encontra. Para responder a essa pergunta, devemos nos deixar guiar pelo desenvolvimento do ego na neurose simples.

Se esboçarmos uma comparação com a neurose compulsiva, poderemos constatar que nessa doença o ego é bem mais desenvolvido que os componentes sexuais da personalidade. Na esfera sexual, predomina a fase sádico-anal pré-genital, ao passo que o ego não só está plenamente desenvolvido como também se adianta em manifestações culturais proeminentes. À objeção de que as inclinações animistas e mágicas (superstição) do neurótico compulsivo indicam a fixação do ego numa fase anterior (Freud, Ferenczi), contraponho que nesse caso só se pode falar de uma fixação parcial do ego se a personalidade toda for levada em consideração, enquanto nesta paciente todo o ego permanecia em um estágio primitivo. Qual, então, é a natureza dessa fixação total e quais são seus componentes?

Acho que as características distintivas deste caso encontram-se na enorme discrepância entre o ego e o ideal do ego. O superego representa a mãe, enquanto o ego está estritamente separado, infantil, fraco e devorado pelo desejo incestuoso. Normalmente, o ego da criança se adapta ao mundo externo incorporando partes desse mundo como superego, introduzindo com isso a formação reativa e a sublimação. O desenvolvimento da criança é gradual; o mundo externo, real, é assimilado aos poucos, internalizado como exigências do superego que se fundem profundamente com o ego existente. Essas porções de realidade externa – parcialmente modificadas – são em seguida assimiladas à estrutura do ego; um ego pulsional dinâmico é forçado a se modificar, e faz isso totalmente por meio de soluções de compromisso. Na análise de indivíduos normais ou mesmo levemente neuróticos, pode-se remontar a formação do superego a identificações específicas. Todavia, se alguém conseguisse fazer isso, encontraria o ideal do ego nas associações mais múltiplas e complexas, ou melhor, fusões, com a porção sexual do ego e com outras partes deste. Quanto mais rastreamos a progressão da normalidade à patologia grave, mais claramente percebemos os fenômenos do superego isolado e mais reconhecemos a importância para a saúde mental dessa fusão orgânica do ideal do ego com a personalidade em desenvolvimento.

Embora o ego se componha de uma série de identificações e seja na realidade criado pelas identificações, devemos ter em mente que precisava existir algo de antemão para que essas identificações ocorressem. Esse algo preexistente só pode ser um ego mais primitivo e construído de modo diferente, um ego composto inteiramente de tendências impulsivas de natureza sexual e destrutiva. Freud nos ensinou a compreender a complexidade do desenvolvimento que esse ego pulsional ou ego-prazer primitivo deve atravessar para se tornar um ego normal adulto. Desde o princípio, a atitude das pulsões em relação ao mundo externo é completamente ambivalente. É o amor pela figura parental que, antes de tudo o mais, faz com que as tendências destrutivas se dirijam parcialmente contra a própria pessoa; com efeito, é normal que se erga uma barreira na forma sublimada de "consciência moral" (*conscience*), em que o indivíduo também aprende a renunciar a uma parte do prazer sensual. A maneira com que as exigências são recebidas depende agora em alto grau do próprio mundo externo. Duas eventualidades, já mencionadas, podem levar esse processo de identificação a um resultado patológico:

1. O ego pulsional é desde o início capaz de resistir à frustração do prazer, isto é, resistir à identificação com a figura parental frustradora. De acordo com sua natureza de ego-prazer, ele sempre tende a fazer isso. A força dessa resistência depende da intensidade do prazer de órgão auto-erótico experimentado – quanto mais intenso o prazer de órgão e quanto mais cedo for experimentado um prazer de órgão efetivo, mais difícil será construir um ideal do ego proibitivo. Reconhecemos que esse fator particular é fortemente influenciado pelos elementos constitucionais (hormonais?).

2. A ambivalência para com a figura parental dominante é tão forte que a toda identificação opõe-se um contra-impulso igualmente intenso. Para melhor compreender a identificação produzida pela ambivalência excessiva, destaco mais uma vez que a identificação deve se apoiar no amor objetal positivo. A criança aceitará a frustração mais prontamente se for pelo amor de uma figura parental amada. Finalmente, esse aspecto "pelo amor de" retrocederá, restando apenas a frustração sob a forma das exigências do ideal do ego. Contudo, se um desafio e uma atitude negativa igualmente forte competirem com esse aspecto "pelo amor de", a frustração será assimilada como um fator efetivo, mas permanecerá, ao mesmo tempo, isolada. Esse isolamento pode ser, de fato, equivalente ao recalque, e a frustração assimilada agirá então de maneira impulsiva, como o faria um desejo sexual recalcado. Devido à identificação completa, lutará para se expressar, mas será restringida pela atitude negativa do ego-prazer e, desse

modo, não será incorporada organicamente à personalidade como um todo. Seguir-se-á um conflito no ego, comparável em todos os aspectos aos conflitos oriundos do recalque na esfera sexual. (A relação entre isolamento e recalque será discutida posteriormente.)

Vamos procurar agora aplicar o conceito teórico auxiliar de superego isolado ao caso em questão. Foi a ambivalência aguda e intensa com relação à mãe que imprimiu sua marca específica na personalidade da paciente desde o início. O traço positivo da paciente, o empenho para se aproximar da mãe, sustentou-se na fixação oral ao seio dela e no anseio pelo útero. Ela não queria reconhecer sua condição adulta, sentia-se com dois anos de idade, e não vinte e seis. Supostamente havia sido rejeitada, atormentada e amaldiçoada pela mãe e não teria paz enquanto esta não a aceitasse novamente. O desejo de mamar no seio da mãe era inteiramente consciente.

O fator negativo, o esforço para se afastar da mãe, baseava-se na submissão não inibida a objetos marcados pelo incesto. Apenas a figura paterna estava sujeita a um intenso recalque antes da análise. Mesmo com três anos de idade, a menina, pouco vigiada, envolvia-se em brincadeiras sexuais rudimentares com seus irmãos e outros meninos. Um dia a mãe aplicou seu veto implacável de uma hora para outra. As crianças foram pegas, e a paciente apanhou brutalmente. A surra e a repreensão da mãe ("Você é uma puta lasciva" etc.) só tiveram como efeito aumentar infinitamente seus sentimentos de culpa, porém, ao mesmo tempo, a atitude rancorosa e negativa da menina, reforçada pelo prazer sexual que experimentava, impediu que o veto da mãe triunfasse sobre sua já florescente impulsividade. Foi assim que o ego ficou privado em grande parte da oportunidade de maior desenvolvimento, uma vez que o ideal de mãe ("Você não pode se envolver em brincadeiras sexuais") havia sido assimilado, porém sem se fundir verdadeiramente a outros elementos da personalidade. O ego permaneceu no estágio infantil de identificação com os genitais geradores do prazer, mas foi condenado a lutar contra um superego incorporado que o contradizia de maneira flagrante. O grito de guerra dessa luta infinita não é, como em outros casos, "Eu quero, mas não posso, masturbar-me ou desejar meu pai" e afirmações semelhantes, mas sim "Eu tenho de morrer do prazer de me masturbar ou de ter relação sexual". Essa atitude culminou no sintoma de masoquismo genital.

Portanto, o isolamento do superego implica uma organização estrutural particular da personalidade. Acredito que fui muito bem-sucedido ao rastrear essa estrutura até suas identificações específicas, mas ainda preciso abordar brevemente a relação das peculiaridades estruturais com os aspectos dinâmicos e econômicos. Quando afirmo que no caráter impulsivo o superego não está tão "organicamente" fundido ao ego como nos neuróticos inibidos, e que se encontra separado ou isolado, isso lança luz sobre o caráter impulsivo do ponto de vista da estrutura de personalidade. As conseqüências dinâmicas são, por conseguinte, falta de eficácia do superego para efetuar o recalque e produzir formações reativas, bem como uma deficiência dessa eficácia no mecanismo de moções pulsionais em "crimes de culpa" (Freud). O superego isolado funciona como uma pulsão recalcada e cria a necessidade de punição, que habitualmente busca a satisfação através de manifestações masoquistas evidentes. Isso nos leva à importância econômica dessa dinâmica: as moções pulsionais assumem a função secundária de aliviar os sentimentos de culpa através do caminho patológico da satisfação da necessidade de punição. Contudo, devemos ter o cuidado de não valorizar demais esse fator econômico. Embora essencial, não deixa de ser uma formação secundária. A motivação primária de sua posição inexpugnável está baseada no prazer de órgão original, que, nessa estrutura de personalidade, pode ser experimentado sem a manifestação de sentimentos de culpa[54].

Todavia, ainda há outra razão que explica por que não podemos buscar o propulsor da impulsividade apenas na necessidade de punição, embora este mecanismo seja claramente proeminente por trás dos crimes de culpa no indivíduo sádico, e na autopunição no indivíduo masoquista dominado pelas pulsões. A necessidade de punição está igualmente presente em quase todo caráter neurótico com inibição das pulsões, embora nesses casos a própria doença se preste à satisfação masoquista. Portanto, para que o canalha que atormenta os que o cercam possa racionalizar seus sentimentos de culpa e o masoquista impulsivo possa penalizar-se efetivamente, a necessidade de punição precisa ser ampliada pela dissociação do ego que se acaba de mencionar. Pode-se verificar a presença em alto grau da necessidade de punição nos indivíduos impulsivos, mas ela não é específica dessa doença.

O caráter impulsivo de outra paciente teve uma mudança muito interessante. Desde a mais tenra infância até os vinte e dois anos, ela viveu em conflito permanente com os pais por causa de sua ambivalência. Mentia, comportava-se deliberadamente mal, fugia, perambulava com homens, masturbava-se, batia na mãe repetidas vezes sem sentimento de culpa e sofria "estupros" freqüentes sem jamais ter mantido de fato relações sexuais, que a assustavam terrivelmente. Ao mesmo tempo, ela sofria de ansiedade e, ora sim, ora não, de insônia. Com vinte e

---

54. Na exposição de Sachs: Hanns Sachs, *Zur Genese der Perversionen* [Sobre a gênese das perversões] (1923). "Não obstante, [na perversão] se for para o recalque ter sucesso ainda que parcialmente, ele deve levar a uma solução de compromisso que permita que um complexo parcial permaneça prazeroso e seja assimilado ou sancionado pelo ego, por assim dizer..." Deixarei em aberto a resposta à indagação sobre se essa sanção do ego – ou melhor, a evitação do desprazer na perversão – pressupõe ou não uma estrutura de ego semelhante à do caráter impulsivo.

dois anos, finalmente submeteu-se a alguém que era uma imagem paterna, em conseqüência do que surgiram os sentimentos de culpa. A mãe a pôs para fora de casa e a paciente fugiu para Viena, onde ficou doente, apresentando vômitos histéricos e dores de estômago. Submeteu-se a duas laparotomias sem necessidade, porque os médicos não reconheceram a natureza funcional de seus sintomas (espasmos cardíacos). De uma hora para outra, houve interrupção da atividade impulsiva; a paciente tornou-se silenciosa, deprimida e procurou várias vezes criar situações que eram análogas nos mínimos detalhes à rejeição que havia sofrido por parte da mãe. Durante a análise, ela seguiu esse padrão de comportamento. Antes da doença sintomática, resistiu à aceitação do superego e só quando satisfez o desejo incestuoso através de relação sexual foi que o ideal do ego, isolado até então, tornou-se plenamente eficiente como agente do recalque. Deteve a impulsividade e criou uma neurose sintomática. (O ato de vomitar e a dor de estômago correspondiam a uma fantasia de gravidez.)

Ao comparar uma série de casos como este, de comportamento impulsivo não inibido, e destacando em particular aqueles que manifestam (além da impulsividade) sintomas de recalque anterior, como medo, pensamentos compulsivos, fobias etc., logo se encontra a seguinte contradição: nem sempre a ambivalência aguda para com uma figura parental gera o isolamento patológico do ideal do ego. Há outra possibilidade típica, qual seja, o comportamento das figuras parentais, que deveria servir de modelo para a formação do ideal do ego da criança, pode não estar voltado contra a impulsividade original, mas, ao contrário, pode estar completamente de acordo com ela. A psicanálise tende a subestimar a importância da falta de modelo para a formação do ideal do ego. Aichhorn demonstrou que filhos ilegítimos criados sem pai, ou que ficaram órfãos ainda muito cedo na infância, manifestam muitas vezes traços associais. Todavia, não está inteiramente clara a razão pela qual essas crianças não adotaram um ideal do ego de outras figuras parentais, nem, se o fizeram, por que exibem uma constante instabilidade das inibições. Seria de grande valor examinar se a mudança freqüente de figuras parentais causa a debilitação permanente das faculdades defensivas, e em que grau. Seria prontamente compreensível se as mudanças freqüentes no tipo de influência exercida sobre uma criança resultassem em ideais do ego caracterizados pela labilidade e inconsistência.

Uma paciente de vinte e oito anos apresentava esse tipo de ideais do ego heterogêneos e discrepantes quando foi trazida ao ambulatório do Departamento de Bem-Estar de Viena em estado de mutismo histérico. Sofria simultaneamente de angústia grave, que se expressava por um súbito agachamento, com posição defensiva dos braços e movimentos de fuga abruptos. O mutismo funcionava como uma defesa histérica contra a execução de uma idéia compulsiva. A paciente vivia com seus três filhos num estado de necessidade medonha e os mantinha com uma quantia absurdamente pequena de dinheiro, que conseguia mendigando. Havia decidido matar os filhos e a si mesma, mas o plano foi frustrado pelo choro e pelos gritos da criança mais nova, uma menina de dois anos de idade. Então a paciente foi tomada pelo ímpeto compulsivo de informar o mundo de sua decisão e, ao mesmo tempo, pelo medo de ser internada em uma instituição. (O que já acontecera uma vez por tentativa de suicídio.) Agora, ficava muda como forma de defesa contra a expressão de seu ímpeto compulsivo. O mutismo ocorreu certa noite depois de um pesadelo em que seu segundo filho estava morto. Ela estava grávida desse filho quando seu primeiro marido morreu e, na época, amaldiçoou a criança que carregava no ventre, pensando que seria melhor se esta morresse.

A paciente se casara duas vezes. O primeiro marido morreu num acidente, e ela se divorciou do segundo porque ele era alcoólatra e a maltratava. Deve-se observar que ela era completamente frígida, apesar de ter muitos casos. Logo ficou óbvio que ela não apenas considerou a possibilidade de assassinar os filhos (um impulso que ela mesma condenava) como também planejara minuciosamente outros atos criminosos em plena consciência, sem condenação, portanto não compulsivamente. Quis, por exemplo, envenenar o padrasto, e com esse propósito travou conhecimento com um farmacêutico, que, no entanto, recusou-se a fornecer o veneno. Durante o tratamento, que durou três semanas, ela me seguia e ficava esperando por mim deitada na porta de minha casa e no jardim da clínica para "manifestar" sua raiva em relação a mim ou pelo menos "me arrancar os cabelos". Até tentou obter um revólver para atirar em mim e alimentou conscientemente o pensamento de que lhe traria grande satisfação castrar tanto seu padrasto como o analista. Ela também apresentava impulsos piromaníacos a que se submetia sem condenação, usufruindo plenamente a sujeição. Ateava fogo em tudo que conseguia pôr a mão dentro de casa e fez um círculo de fogo em volta do filho. Com dez anos, ateou fogo num monte de feno para se vingar do proprietário, que a repreendera. Também nessa mesma idade ateou fogo na casa de um vizinho, pondo em perigo quase toda a aldeia. Então se divertiu muito com o pânico dos outros. Ela recusava-se a sofrer sozinha.

É verdade que sua infância tinha sido bem triste. Nascida ilegítima, foi abandonada pela mãe e ficou num asilo durante quatro anos. Depois, parentes distantes a pegaram e a ensinavam sistematicamente a roubar – junto com os filhos deles. Era também cotidianamente espancada. Dormia num quarto estreito, pequeno, com outras oito pessoas (alguns adultos), e não apenas presenciou as mais íntimas práticas sexuais como também foi abusada por seu tio e por um rapaz. Mas não gostava de roubar, só fazia isso porque estava morrendo de frio. Odiava seu ambiente, mas só por causa das surras freqüentes. Vingava-se sempre que possível. Era maldosa, comportava-se mal na escola (que freqüentava irregularmente) e tinha muito prazer em bater em meninos pequenos, provocar os professores e fazer fogueiras (sofreu de enurese até os doze anos de idade). Quando tinha doze anos, o diretor de sua nova escola se interessou por ela, tirou-a daquela casa, ganhou sua confiança, ensinou-a a ler e compreender o que lia e ofereceu-se a custear os gastos para cuidar dela e educá-la. Mas os parentes a tiraram dele, e a vida antiga recomeçou. Pela primeira vez, ela começava a sentir medo; procurou restringir seus impulsos, mas só conseguiu em parte. Embora o ódio por seus opressores não tivesse limites, a influência do diretor já tinha deixado sua marca, e os impulsos de ódio eram neutralizados pelos impulsos que correspondiam ao superego recém-adquirido e ao benevolente diretor da escola. Ela conseguiu livros, leu bastante, adquiriu uma educação razoável e desenvolveu um estilo de escrita relativamente bom. Tive a oportunidade de ler várias cartas que escreveu quando estava em Steinhof*. Com catorze anos, conheceu a própria mãe, que a levou de volta para a cidade, onde continuou uma vida de sofrimento e necessidades. Os antigos impulsos continuavam fortes como sempre, mas foram parcialmente refreados. Embora o primeiro marido a torturasse incomensuravelmente sem sentir culpa por isso, depois de sua morte ela se acusou pelo que havia ocorrido a ele (tentou o suicídio, foi internada) e viveu uma fase de intensa agitação até chegar à insanidade: pensava que ele ainda estava vivo e a seguia pelas ruas. Então teve vários casos que terminaram de

---

* Uma instituição para doentes mentais em Viena. (N. do T. norte-americano)

modo infeliz e não suportou ficar com o segundo marido. Finalmente, foi ficando cada vez mais incapaz de trabalhar e decidiu matar a si e aos filhos.

O tratamento analítico ambulatorial tornou-se impossível por causa de suas ações perigosas. Por isso, reuni poucas informações analíticas sobre seu desenvolvimento sexual. Mas ficou bastante clara a contradição patente entre a formação deficiente de um ideal do ego culturalmente válido até os doze anos de idade e a subseqüente influência do diretor da escola. Só então ela realmente recalcou seus impulsos (embora em geral sem sucesso) e, ao mesmo tempo, adquiriu uma consciência moral, que se somou ao seu medo de apanhar. A atividade pulsional não inibida foi parcialmente detida pela aquisição de um superego tardio, contudo intenso, e foi recanalizada de maneira neurótica. Todavia, o superego não foi suficiente para exercer o recalque completo, provavelmente porque foi ativado muito tarde na vida. Estou empregando o termo "recalque" apenas no sentido mais amplo. Por exemplo, não duvido nem um pouco que a frigidez da paciente corresponda ao desejo recalcado por um pênis, a despeito da existência de um desejo consciente de castração. Também devemos nos perguntar quais foram as conseqüências do recalque dos desejos de masculinidade, mesmo que nada possamos comentar a respeito. Não obstante, não se deve esquecer que a paciente apanhou, e devemos presumir que a disposição filogenética ao recalque ou ainda os sentimentos de culpa conseguiram utilizar essas "medidas de educação" como um meio de recalque. Ela foi estuprada pelo pai adotivo mas ofereceu resistência. Mais tarde, trouxe as defesas contra os homens para a idade adulta e, ao mesmo tempo, uma inclinação neurótica para se envolver em casos amorosos a despeito de sua total frigidez. Terá sido somente o ódio que afetou essa criança? Sua resistência era real porque ela nunca experimentara um carinho sequer? Ou era o recalque de um amor masoquista profundo? Estas são outras perguntas que não tenho como responder.

No entanto, não podemos ver em hipótese alguma esse caso como oposto ao da paciente masoquista genital. Parece irrelevante saber se a aquisição de um ideal do ego eficaz para a cultura se dá aos doze anos ou aos quatro. É essencial que se aplique o grau certo de concessão de prazer e cerceamento das pulsões (por mais difícil que seja determiná-lo) desde o dia do nascimento. Toda irrupção de rigor de natureza inconsistente e súbita resultará necessariamente em um ego malformado, mais ou menos semelhante a essa manifestação extravagante do superego isolado (ou recalcado) que descrevi. Não há dúvida de que existem outros defeitos típicos do ego.

SOBRE A QUESTÃO DO RECALQUE DO SUPEREGO

Prosseguindo a discussão sobre as diferenças estruturais e dinâmicas entre a neurose compulsiva, a histeria e o caráter impulsivo, deparamos com a possível objeção de que o ego do neurótico compulsivo e do histérico também se opõe à austeridade brutal do superego. Freud explica essa questão em *O ego e o id*:

> Em certas formas de neurose obsessiva, o sentimento de culpa é super-ruidoso, mas não pode se justificar para o ego. Conseqüentemente, o ego do paciente se rebela contra a imputação de culpa e busca o apoio do médico para repudiá-la... A análise acaba por demonstrar que o superego está sendo influenciado por processos que permaneceram *desconhecidos pelo ego*[55]. É possível descobrir os impulsos reprimidos que

---

55. Grifo meu.

realmente se acham no fundo do sentimento de culpa. Assim, nesse caso, o superego sabia mais do que o ego sobre o id inconsciente.

A partir daí fica clara a diferença entre o caráter impulsivo e o compulsivo: neste último, o próprio ego, a despeito de sua oposição ao superego, nada sabe do material recalcado (ao contrário do ego no caráter impulsivo) e, assim, comporta-se mais ou menos como o escravo que se rebela internamente contra a brutalidade do senhor, mas continua servindo-o apesar dessa rebeldia. O ego do indivíduo impulsivo, contudo, rebela-se intencional e abertamente. O sucesso dessa rebeldia em um caso e o seu fracasso em outro podem ser atribuídos ao fato de que a formação reativa do compulsivo com inibição das pulsões foi bem-sucedida (detalhes mais adiante); isto é, ele assimilou completamente a personalidade proibidora, apesar de uma possível revolta contra esta numa época posterior, ao passo que o indivíduo impulsivo nunca se identifica por inteiro, mas apenas com uma parte de seu ego.

A situação é diferente e mais complicada na histeria. Nesse caso, como assinalou Freud, os sentimentos de culpa permanecem inconscientes.

> O mecanismo pelo qual o sentimento de culpa permanece inconsciente é fácil de descobrir. O ego histérico desvia uma percepção aflitiva com que as críticas de seu superego o ameaçam, da mesma maneira pela qual costuma desviar uma catexia objetal insuportável – através de um ato de repressão. O ego é, portanto, o responsável pelo fato de o sentimento de culpa permanecer inconsciente. Sabemos que, via de regra, o ego efetua repressões a serviço e por ordem do seu superego; mas este é um caso em que ele voltou a mesma arma contra seu severo feitor. Na neurose obsessiva, como sabemos, predominam os fenômenos de formação reativa, *mas aqui [na histe-*

ria] o ego alcança êxito apenas em manter à distância o material a que o sentimento de culpa se refere[56].

Por conseguinte, na histeria com inibição das pulsões o recalque das pulsões do id é responsabilidade do ego, a serviço do superego, devido à aceitação inconsciente[57] das exigências deste. Simultaneamente, no entanto, o ego se defende das advertências rigorosas do superego, recalcando (sistematicamente) os sentimentos de culpa que, na análise, devem antes de mais nada ser separados da massa de ansiedade e de sintomas conversivos.

Todo caso de histeria e neurose compulsiva com inibição das pulsões revela a aceitação inconsciente das exigências proibitivas do superego. As diferenças entre os dois encontram-se nas atitudes divergentes do ego com relação aos sentimentos de culpa. Neste ponto, contudo, estamos interessados principalmente na questão do recalque do superego, visto que precisamos demonstrar a relação entre recalque e isolamento. Mencionei anteriormente que, quando o isolamento corresponde ao recalque, o superego se comporta como uma pulsão que irrompe do estado recalcado.

Num exame mais minucioso, encontramos imediatamente as seguintes objeções significativas: as principais exigências do superego não são sempre inconscientes? Pode o tabu do incesto, por exemplo, chegar a se tornar consciente? Se isso acontecesse, o desejo incestuoso também não se tornaria consciente? Esse entrelaçamento íntimo entre desejo e tabu expulsa ambos para o inconsciente e, quando este fato foi encarado como um problema, em *O ego e o id*, isso forneceu o fundamento da teoria da inconsciência necessária de uma parte do ego, qual seja, o superego.

---

56. Grifo meu.
57. Em casos de neuróticos compulsivos ascético-religiosos, podemos falar numa aceitação consciente das exigências do superego, embora não haja necessidade de ressaltar que isso também se baseia na aceitação inconsciente mais profunda.

Todavia, "inconsciente" não quer dizer "recalcado". A questão fica clara quando concordamos estritamente com a diferenciação de Freud entre recalque dinâmico e sistemático (sistema inconsciente), bem como entre recalque bem-sucedido e malsucedido. Apenas o recalque dinâmico malsucedido é patológico. Supõe-se que o cerne do superego é sempre sistematicamente recalcado com sucesso em indivíduos saudáveis e em neuróticos com pulsão inibida. A dinâmica do recalque limita-se a impedir que o material se torne consciente, e o recalque sistemático é inteiramente compatível com a aceitação inconsciente e a execução das exigências do superego pelo ego. Parece que essa inconsciência é na verdade um pré-requisito para a aceitação, haja vista que, muitas vezes, é óbvia a consciência das exigências do cerne do superego no tipo marcadamente infantil de indivíduo impulsivo[58]. (Muitas vezes, é isso que acontece na esquizofrenia.) Aqui, o recalque sistemático é imperfeito e o recalque dinâmico foi malsucedido e está ausente em grande medida.

Acredito que agora esteja mais claro que:

Na neurose com inibição das pulsões, o cerne do superego foi recalcado com sucesso e de maneira sistemática, e o recalque dinâmico limita-se a impedir que o material se torne consciente. Ao ego não se permite saber nada do cerne do superego, a não ser suas racionalizações. Todavia, de modo geral, o ego fica atento às exigências do superego para recalcar os impulsos do id. Sabemos que o fracasso desse recalque cria sintomas. Na neurose sintomática com inibição das pulsões, os conflitos psíquicos acontecem entre o ego aliado ao

---

58. Estes fatos só aparentemente contradizem aqueles mencionados na seção que começa na página 3, a saber, que o caráter impulsivo manifesta um recalque tão intenso quanto o neurótico com inibição das pulsões. Estes fatos clínicos correspondem totalmente à atitude isolada do ideal do ego, visto que este é impedido de realizar o recalque, mas não se torna inteiramente ineficaz. Além disso, existe a possibilidade de que apenas uma parte do ideal do ego tenha experimentado o destino do isolamento.

superego por um lado e, por outro, os elementos recalcados do id (as relações de objeto proibidas).

No caráter impulsivo, o superego é recalcado de maneira dinâmica e malsucedida; o recalque sistemático é imperfeito. É fácil ver que a natureza imperfeita do recalque sistemático (como o das pulsões parciais e o do sadismo) resulta do recalque dinâmico do superego pelo ego-prazer. Neste caso, o conflito psíquico envolve três fatores: por um lado, o ego (aliado ao superego) se defende contra o id (como ocorre em neuróticos com inibição das pulsões); de outro lado, ele se alia com o id contra o superego. Esse conflito dual (contrainvestimento duplo) é responsável pelo flagrante conflito interno dos indivíduos impulsivos.

O conceito de isolamento do superego inclui o recalque dinâmico malsucedido, mas também tem outras implicações: em primeiro lugar, implica uma organização estrutural particular da personalidade; em segundo lugar, um estágio de transição normal em toda formação do superego, o que será discutido depois. Para justificar minha inovação terminológica, deixe-me observar que esse é o único caso especial de recalque do superego. O conceito de isolamento poderá um dia ser incorporado ao conceito de recalque do superego, supondo que a teoria do recalque dinâmico do ego (como contraparte àquela do recalque sexual) seja mais bem explicada, e sua relação com a estrutura da personalidade, reconhecida.

O ISOLAMENTO DO SUPEREGO COMO FASE NORMAL DE TRANSIÇÃO NO DESENVOLVIMENTO DO EGO

Neste ponto, devo rebater outra objeção. Deduzi o isolamento do superego a partir da ambivalência infantil para com um objeto (mais tarde, ele funciona como superego) e defini essa má-formação como atributo específico do caráter impulsivo (em oposição ao clássico neurótico compulsivo com inibição das pulsões). Todavia, essa ambivalência também é um fator central na neurose compulsiva e se encontra na raiz de muitos sintomas, como a dúvida compulsiva, a indecisão e outros. Por que então a ambivalência não causou o isolamento do superego também nesses casos? A neurose compulsiva se distingue particularmente pela ampla realização das exigências negativas do ideal do ego, como, por exemplo, o excesso de escrúpulos, a meticulosidade, a inclinação para ideologias ascéticas, a abstinência sexual etc. É fácil opor-se à objeção considerando o fato de que o fator decisivo é a forma da ambivalência, isto é, seu modo de manifestação externa, bem como o momento do desenvolvimento psíquico em que se tornou efetiva. Com relação a esta última, ver minha explicação relativa à diferença entre os dois estados patológicos na seção anterior. No que diz respeito ao modo de manifestação externa da ambivalência, pode-se dizer que: uma atitude emocional ambivalente pode permanecer manifesta o tempo todo (ambivalência manifesta *per se*) ou pode oscilar na direção do amor ou do ódio. Na análise, encontramos um fenômeno impressionante, descrito inicialmente por Freud como amor reativo ou ódio reativo (ambivalência latente). No primeiro, o ódio transformado em amor é acrescentado à atitude amorosa original; no segundo, o amor transformado em ódio, devido à decepção, soma-se ao ódio original. Na neurose compulsiva, os achados típicos indicam que a ambivalência manifesta expressa-se em sintomas em geral transferidos para banalidades, e que o amor (ou o ódio) reativo se dirige então para o objeto original investido de forma ambivalente. Essa ambivalência com relação ao objeto manifesta-se primeiro na análise. O caráter impulsivo, por outro lado, mantém permanentemente a ambivalência manifesta para com o objeto e continua com essa atitude em relação ao ideal do ego. Em conseqüência, no neurótico compulsivo há uma transformação adicional da atitude ambivalente manifesta original, transformação essa que está parcial ou completamente ausente no caráter impulsivo acentuado: trata-se da ênfase reativa de um ou de outro aspecto da ambivalência e a transferência para banalidades. A transformação reativa da ambivalência numa atitude inequívoca manifesta tal como ocorre no caso do amor ou do ódio ocorre, claro, em conseqüência do recalque – e este, como sabemos, é imperfeito nos caracteres impulsivos. Esse recalque e a formação reativa na neurose compulsiva também podem ser remontados à austeridade e à firmeza do ideal do ego que nega a pulsão. No caráter impulsivo, o recalque imperfeito e a formação reativa, bem como a ambivalência permanentemente manifesta e o isolamento do superego, são todos congruentes. Um esboço esquemático dos tipos extremos demonstra claramente suas diferenças.

Neurose compulsiva	*Caráter impulsivo*
ambivalência manifesta	ambivalência manifesta
transformação reativa da ambivalência	sem transformação reativa nem ódio dominante
superego austero incorporado ao ego	superego isolado
recalque e formação reativa intensos	recalque imperfeito
impulsos sádicos combinados com sentimentos de culpa	impulsos sádicos sem sentimentos de culpa
caráter com excesso de escrúpulos, ideologias ascéticas	sem consciência moral; sexualidade manifesta; sentimentos de culpa correspondentes possivelmente ancorados em sintomas neuróticos ou totalmente recalcados
submissão do ego ao superego	posição do ego entre o ego-prazer e o superego; ambivalência em relação a ambos; obediência a ambos de fato

Desse modo, o segundo item contém a dicotomia no desenvolvimento entre a neurose compulsiva (ou qualquer outra neurose sintomática) e o caráter impulsivo. A escolha de uma das alternativas de desenvolvimento depende de experiências anteriores à fase sádico-anal. Se a ambivalência efetiva não se formar antes dessa fase e não houver nenhum dano oriundo das fases anteriores, começará o desenvolvimento em direção à neurose compulsiva (ou histeria). Se houver posições ambivalentes intensas antes desse período, a assimilação de um ideal do ego será malsucedida. De acordo com nosso esboço anterior, a atividade sexual em idade muito precoce, principalmente a ativação do erotismo genital antes do desenvolvimento pleno da fase edipiana, fortalece o narcisismo do ego-prazer primitivo em tamanho grau que os ideais do ego só podem construir-se de forma isolada. Como mais um fator decisivo, devemos considerar todos os danos que se originam nos objetos de amor ou nas figuras parentais, como se discutiu anteriormente.

Esta exposição não teve a intenção de contribuir com mais informações sobre o ego patológico e a formação do superego do que as produzidas pelo exame da posição desta no caráter impulsivo. É concebível que a psicologia genética do ego iniciada por Freud e Ferenczi[59] também tenha de levar em conta as fases características da formação do ego análogas àquelas já estabelecidas para o desenvolvimento sexual. Podemos considerar o fenômeno do isolamento do superego uma condição permanente e, portanto, patológica, de uma fase muito normal pela qual todo indivíduo deve presumivelmente passar na trajetória de desenvolvimento que o transforma de um ego-prazer

---

59. Sandor Ferenczi, "Entwicklungsstufen des Wirklichkeitssinnes", *Internationale Zeitschrift für Psychoanalyse* (1913) / "Stages in the Development of the Sense of Reality", *An Outline of Psychoanalysis* [Estágios do desenvolvimento do sentido de realidade", Um esboço de psicanálise], org. J. S. van Teslar (1923).

primitivo num membro de uma comunidade cultural. O ego real civilizado se forma primeiro por meio do ideal do ego e pela realização de seus elementos individuais[60]. Uma grande parte sempre pode permanecer não realizada, e a psicanálise pode dar uma idéia clara das conseqüências patológicas dessa realização imperfeita. A aquisição de um ideal do ego não acontece sem conflito. É da própria natureza do ego-prazer dominado pelas pulsões proteger-se de restrições disciplinares. Todavia, a defesa contra restrições é paralisada pelo investimento objetal e isso resulta na construção de um ideal do ego. Porém, uma fase de ambivalência manifesta aguda para com o objeto frustrador, ou melhor, para com o ideal do ego posterior se interpõe entre a oposição completa e a assimilação efetiva. Há mais duas possibilidades: ou a ambivalência manifesta se transforma em ambivalência latente por meio da ênfase reativa de amor ou ódio, ou a ambivalência para com os objetos e para com o ideal do ego é superada. Considerarei essa última normal. Ela também constitui o alvo da terapia analítica em cada caso individual. Obviamente, quando se supera a ambivalência no ego, o resultado é o mesmo nas relações objetais sexuais (obtenção da fase genital não ambivalente). Pode-se observar a primeira possibilidade mencionada acima na neurose compulsiva e na histeria. Desse modo, chegamos ao seguinte esboço esquemático:

1. O estágio do ego-prazer primitivo: repulsa inequívoca das restrições.

2. O estágio de investimento objetal ambivalente manifesto ou, do ponto de vista do superego, da atitude ambivalente para com o superego e a disposição para a atividade impulsiva não inibida, como mencionei em meus esboços.

---

60. Não estou esquecendo que existem identificações diretas no ego. É bem possível que seja muito importante para a estrutura da personalidade o fato de as identificações básicas ocorrerem no ego ou no superego (ver minha exposição referente à identificação sexual imperfeita).

3. O estágio de transformação da ambivalência reativa. O ego se identifica com a figura parental que impõe limites (percepção de suas exigências de forma ambivalente). Neste ponto começa a identificação imperfeita[61]. Se esse processo de fixação ocorrer na fase sádico-anal, haverá tendência para a neurose compulsiva; se ocorrer na fase genital, haverá tendência para a histeria.

4. O estágio da estrutura do ego (relativamente) sem ambivalência. Por mais obscuros que sejam o desenvolvimento e a dinâmica dessa posição do ego ajustada à realidade, a experiência analítica indica que ela não pode vir a existir sem a presença de elementos afirmativos da pulsão no ideal do ego, isto é, sem a oportunidade de criar uma economia libidinal bem equilibrada.

Esse esboço esquemático pode ser útil apenas para orientação preliminar. Devo acrescentar que as fases 1 a 3 devem aplicar-se a todas as fases do desenvolvimento da libido, na medida em que o conflito entre a luta pelo prazer e a negação do prazer se repete em todas as fases sexuais. Assim, podemos diferenciar entre caracteres impulsivos e tipos neuróticos compulsivos e histéricos de acordo com o momento em que ocorreu a fixação do ideal do ego isolado, se na fase sádico-anal ou na genital. Estou preparado para a objeção de que a tentativa de diferenciar entre essas fases nos cortes transversais ou longitudinais do desenvolvimento deve ser considerada como uma especulação improdutiva, porque nunca estaremos em condições de reconstruir satisfatoriamente as atitudes infantis anteriores aos cinco anos de idade. Sempre que essa objeção se referir exclusivamente à reconstrução analítica da infância, permanecerá até certo ponto inquestionável, mesmo que se dê especial destaque à contra-objeção de que o

---

61. Ver a seção que se inicia na p. 45.

elemento mais sólido da teoria freudiana (o conceito de fases de desenvolvimento da libido) foi obtido dessa maneira e que qualquer um pode se convencer de sua correção, isto é, a seqüência precisa das fases oral, sádico-oral, sádico-anal e genital, pela observação direta de crianças. Todavia, minha classificação de fases do desenvolvimento do superego, que denominei explicitamente como preliminar, baseia-se apenas num grau muito pequeno na reconstrução analítica. Antes, apóia-se na experiência adquirida no tratamento de caracteres impulsivos e particularmente a partir da análise de seus conflitos de ambivalência e situações transferenciais. Durante a análise, a estrutura do superego deles varia continuamente, em harmonia com o estado da transferência. Esta, por sua vez, é a reprodução exata de relações objetais anteriores, de modo que ganhamos (com a visão aguçada por *O ego e o id*) compreensão profunda do desenvolvimento do ego infantil.

Concluirei esta seção referindo-me a um problema mais geral: o amor-próprio ("narcisismo secundário", no sentido de Freud e Tausk) e o amor objetal são elementos que afirmam a vida (pulsão de vida), enquanto a culpa (necessidade de punição) é um elemento que nega a vida (pulsão de morte) no homem. A relação mútua entre elas é antitética, mas de vez em quando os sentimentos de culpa transformam o amor-próprio em uma forma mais primitiva de narcisismo, o chamado narcisismo primordial da existência intra-uterina. O exemplo mais típico dessa confluência é o suicídio melancólico. Porém, na ontogenia, os sentimentos de culpa se desenvolvem depois do narcisismo, por isso a predominância das tendências de afirmação da vida. O narcisismo plenamente desenvolvido, apoiado pelo erotismo genital não ambivalente, é mais eficiente contra os sentimentos de culpa. Por isso, para o destino futuro do indivíduo, é importantíssimo saber em quais fases do desenvolvimento do narcisismo surgem os sentimentos de culpa com capacidade para enfraquecer a tendência de afirmação da vida. A própria intensidade dos distúrbios, ao que parece, depende de quando – cedo ou tarde – os sentimentos de culpa começam a exercer o efeito de negação da vida e da realidade. Os problemas dessa formulação estão entre os mais difíceis de compreender empiricamente, porém também se contam entre as principais questões da etiologia específica da doença mental.

Alguns comentários sobre o processo de projeção esquizofrênica e cisão histérica

Do ponto de vista heurístico, minha hipótese de um superego isolado mostrou-se proveitosa sob dois aspectos, na medida em que permitiu a formulação de causas dinâmicas adicionais do processo de projeção esquizofrênica e da cisão da personalidade histérica.

Quando minha paciente masoquista-genital soube da morte da analista que a tratara antes de mim e que se tornara uma imagem materna para ela, entrou numa psicose (histérica?) aguda. Sofria de alucinações auditivas e visuais. "Mamãe" bateria à porta de noite e a chamaria para descer à sepultura. Numa sessão, realmente viu "Mamãe" deitada na cova acenando para ela. Ouvia vozes dizendo que não devia se masturbar porque "Mamãe" não permitiria. Rezava aterrorizada durante horas diante do retrato da falecida e até a via mover-se. Temos bons motivos para suspeitar que o mesmo mecanismo causal operava por trás tanto dessas alucinações como na projeção esquizofrênica. O mesmo processo de projeção ocorre aqui na esfera do ego, isto é, o superego aparece, ou melhor, reaparece no mundo externo (como o crítico-perseguidor na esquizofrenia paranóide); há inversão do processo de introjeção. Por isso é lógico supor que esses elementos, os ideais do ego, que não estão intimamente fundidos com a personalidade como um todo e permanecem como componentes isolados dela, ficam mais pronta e facilmente sujeitos ao destino da transferência paranóide do ego para o mundo externo. O fato de os conteúdos de uma projeção delirante, quer sob a forma de mania de perseguição, quer de alucinação paranóide, também conterem moções pulsionais (em geral homossexuais) condenadas pelo ego não contradiz esse conceito. O indivíduo neurótico pode ser comparado ao dono da estalagem que expulsa de sua taverna dois clientes briguentos, mas continua tendo de agüentar o barulho que eles fazem no lado de fora. O fenômeno clínico da resistência contém tanto o material recalcado quanto o agente recalcador (Freud).

Isso responde pelo menos em parte à antiga pergunta acerca da teoria freudiana da projeção paranóide da homossexualidade. Freud explicou o processo de projeção a partir do ponto de vista econômico, a saber, como a tentativa de obter alívio: "Eu não o amo de forma alguma – na verdade o odeio – porque ele me persegue."[62] Essa explicação econômica, contudo, não diz por que o esquizofrênico paranóide busca o alívio de seus impulsos através da projeção, e não, por exemplo, através dos mecanismos típicos do recalque. Podemos agora supor que é um elemento não fundido do ego que torna possível a projeção e dirige o impulso proibido na direção desta maneira específica de alívio. Dessa forma, o desen-

---

62. "Psychoanalytische Bemerkungen über einen autobiographisch beschriebenen Fall von Paranoia (Dementia paranoides)" (1911) / "Notas psicanalíticas sobre um relato autobiográfico de um caso de paranóia (Dementia paranoides)", ESB, vol. XII; "Über einige neurotische Mechanismen bei Eifersucht, Paranoia und Homosexualität" (1922) / "Certos mecanismos neuróticos na inveja, na paranóia e na homossexualidade", *International Journal of Psycho-Analysis* (1923).

volvimento imperfeito do ego, no sentido de fusão deficiente dos ideais do ego derivados do mundo externo, pode ser responsável por uma disposição para a projeção delirante no mundo externo. Mas a observação de fenômenos esquizofrênicos paranóides em si não fornece nenhuma informação sobre a natureza dessa deficiência nem sobre a época em que deve ocorrer para que se crie a disposição. Que a ambivalência tem papel importante é facilmente demonstrável pela qualidade ambivalente de toda mania de perseguição. A análise da neurose do caráter paranóide não refuta a postulação desse ponto de fixação. Se minha hipótese acerca da origem dessa disposição estiver correta, teremos conseguido uma pista para a determinação temporal da fixação esquizofrênica. Acredito que uma hipótese não pode sofrer objeção enquanto é capaz de explicar um fenômeno.

Schilder, numa de suas conferências, chamou a atenção para o afrouxamento dos ideais do ego na esquizofrenia, e utilizou isso para explicar, entre outras coisas, a consciência do significado simbólico. Colocou também a pergunta de quando ocorre a fixação esquizofrênica, embora não tenha oferecido resposta. Uma linha de pensamento intimamente relacionada, paralela a este trabalho, trata da origem dos distúrbios formais da vida psíquica. Ela tem origem na refutação da falsa premissa de que se pode encontrar o estágio de fixação da esquizofrenia da mesma forma que o da melancolia (fase sádico-oral), da neurose compulsiva (fase sádico-anal) e da histeria (fase genital). Ao examinar a questão da fixação esquizofrênica, devemos primeiro considerar o significado particularmente forte de seus distúrbios formais característicos. Segundo, não se deve esquecer que na esquizofrenia é possível discernir todos os tipos de doença mental, embora estejam alterados nos aspectos formais (neurose compulsiva, histeria, melancolia, hipocondria e outros). Terceiro, a hipótese de uma fixação narcísica é um conceito por demais amplo para ter conotações precisas. Em última instância, será a questão de um estágio específico dentro da fase de desenvolvimento narcisista-auto-erótica, presumivelmente a fase em que se abre pela primeira vez uma brecha[63] na interconexão entre o ego original e o objeto, resultando na primeira identificação e na formação da capacidade de realizar o teste de realidade. Deve-se buscar a fixação esquizofrênica na fase da primeira identificação[64] de objeto.

Outro método empregado pelo ego para se livrar de sua função de mediador entre o superego e as tendências primiti-

---

63. Depois de terminado este manuscrito, foi publicado um artigo de J. H. van der Hoop: "Über die Projektion und ihre Inhalte" [Sobre a projeção e seu conteúdo], *Internationale Zeitschrift für Psychoanalyse* (1924). Embora o autor adote uma abordagem diferente no seu exame da natureza da projeção, ele chega a conclusões semelhantes às minhas: "Psicologicamente, a esquizofrenia deve ser vista como um estado intenso de introversão em que ocorre regressão cada vez maior a uma fase de desenvolvimento arcaico-infantil. Isso se caracteriza pela separação muito tênue ou mesmo inexistente entre sujeito e objeto, o que leva a projeção a exercer uma influência extremamente forte sobre os fenômenos externos." A introversão intensa, porém, não é uma explicação satisfatória, dado que, em si, não passa de um fenômeno resultante da fixação nesta fase.

64. Para evitar qualquer mal-entendido em relação à expressão que escolhi intencionalmente, "primeira identificação", devo lembrar que faço diferenciação (com Freud) entre duas fases de identificação: (1) segundo a *Psicologia de grupo e a análise do ego*, a identificação anterior a toda escolha de objeto ("identificação narcísica"), e (2) a identificação que se segue ao estágio objetal, resultando na formação final do ideal do ego pela renúncia ao objeto ou por incorporação deste enquanto um superego (*O ego e o id*). A exposição de Freud em *O ego e o id* contradiz a existente em *Psicologia de grupo*, na medida em que, neste último texto, a identificação narcísica é vista como sendo um estágio preliminar à escolha de objeto, enquanto, no primeiro texto, o investimento objetal precede a identificação. No entanto, essa contradição é apenas aparente, pois as identificações libidinais pré- e pós-objetais se combinam facilmente. Freud, em *Psicologia de grupo*: "A identificação constitui a forma original de laço emocional com um objeto." (ESB, vol. XVIII, p. 136); e em *O ego e o id*: "Mas as escolhas objetais pertencentes ao primeiro período sexual e relacionadas ao pai e à mãe parecem normalmente encontrar seu desfecho numa identificação desse tipo, que assim reforçaria a primária."

vas (e que é diferente do alívio do superego por meio de projeções delirantes) é a cisão de personalidade histérica ("consciência dupla", Janet). Não ocorre projeção neste caso, isto é, o antagonista não é expulso do ego (o que seria pelo menos uma medida decisiva, mesmo que sem efeito); o ego simplesmente se identifica alternadamente, primeiro com um antagonista, depois com o outro. Assim, na masturbação (que deve ser vista como um tipo particular de estado histérico de emergência), nossa paciente ninfomaníaca se identificava totalmente com a mãe punitiva, enquanto seu ego-prazer se identificava com os genitais. Fora desse estado, ela assumia o papel de uma criancinha diante de qualquer figura que minimamente lhe permitisse isso. Tentava ser amorosa com o analista, a enfermeira etc., mas também xingava e demonstrava extrema desconfiança quando rejeitada. Envolveu-se em inúmeros casos marcadamente incestuosos, em busca permanente de um homem (seu pai) com pênis comprido. Porém, quando de fato tinha relações sexuais, a imagem da mãe ameaçadora se tornava um estorvo na forma de vozes que a chamavam de puta lasciva, ou na forma de um demônio que condenava suas ações.

O caso de uma mulher histérica num estado crepuscular, que acabou resultando numa cisão persistente de personalidade, fez surgir a hipótese de que essa mesma cisão representa uma tentativa de restauração. Consegui me convencer disso em mais dois casos. A paciente no seu estado crepuscular pré-psicótico reviveu a sedução feita por um professor, que fora totalmente esquecida; ela também se masturbava nos seios e vestia suas roupas mais extravagantes, bem diferentes dos trajes simples que costumava usar. Assim, em estado de semitranse, seu ego se rendia a impulsos que eram completamente recalcados e proibidos em outras circunstâncias e se colocava à disposição deles, oferecendo-lhes uma descarga motora. Na consciência desperta normal, o ego se sujeitava ao superego materno austero, que havia pregado o ascetismo. Aos dois anos de idade, ela já havia experimentado a proibição pela mãe da masturbação genital. Parece que é um traço característico nesses casos o ego primeiro tomar o lado dos impulsos proibidos pelo superego e depois o do próprio superego. É um escravo de dois senhores hostis, ama a ambos e luta para servir os dois. Todavia, o conflito não se resolve pela solução de compromisso que gera o sintoma, como na neurose sintomática, mas não permitindo a um senhor que saiba da existência do outro (isto é, uma cisão em dois estados de consciência).

Este caso também demonstrou ambivalência acentuada para com a mãe desde a infância mais precoce, o que não precisa ser explicado em detalhes neste momento. Direi apenas que a inclinação positiva com relação à mãe se fundamentava numa intensa ligação oral e no anseio pelo útero, enquanto a negativa podia ser remontada basicamente à frustração genital, percebida como castração radical. Portanto, o caso era semelhante ao de nossa paciente ninfomaníaca (com a diferença essencial de que esta última jamais alcançara plena satisfação da pulsão na primeira infância). A ambivalência do ego com relação a seus ideais foi finalmente aliviada pela permissão que a paciente deu a seu ego, ou seja, o ego que se identificou com o próprio prazer, de morrer. ("Eu beijei Eva S. [isto é, eu mesma] até morrer." "Não sou Eva S., não tenho nome.") A rebeldia em relação à mãe havia dominado o comportamento da criança desde o princípio. Deve-se procurar aqui também a origem da tendência à cisão da personalidade na incorporação imperfeita do ideal da mãe proibidora. A ambivalência está totalmente contida na expressão "beijei até morrer". A liberação da personalidade depressiva, pré-psicótica, consciente da doença, resultou primeiro numa reação hipomaníaca. Ela perdeu seus sintomas (insônia e dores de estômago histéricas) e se sentiu bem.

Na fase psicótica, disse-me que sabia muito mais sobre Eva S. agora do que a própria Eva havia sabido durante a vida, embora não quisesse me contar o que sabia. Todavia, podemos ver que, como o material recalcado não mais lhe pertencia – como ela presumira na sua loucura –, e sim a Eva S., a quem "beijara até morrer", ela tinha permissão para saber mais.

Dessa forma, a tendência para a cisão esquizofrênica e histérica pode ser remontada à fusão imperfeita dos ideais do ego assimilados com o ego-prazer. A questão das diferenças entre as duas formas de cisão permanece sem resposta.

Esquematizando *grosso modo*, os fatos envolvidos podem ser resumidos como segue.

Na esquizofrenia com delírios e alucinações, há conflito e deterioração do ego. O conflito se resolve por meio da projeção delirante do ideal do ego juntamente com a pulsão proibida do id.

Na cisão de personalidade histérica, busca-se a resolução do conflito do ego revezando a preferência do ego por um dos dois senhores, com amnésia temporária.

No caráter impulsivo, toma-se partido de ambos os lados simultaneamente e os conflitos às vezes se resolvem pela projeção esquizofrênica, às vezes pela cisão histérica.

Essas doenças, com a sua dissociação do ego, são diferentes do caráter com inibição das pulsões e da neurose sintomática com seu ego uniformemente compacto (isto é, ego mais superego).

Contudo, não desejo dar a impressão de que estou negando a existência de conflitos do ego nas neuroses com inibição das pulsões. É mais do que certo que esses conflitos existem, por exemplo, entre identificações de ego opostas. É apenas uma questão de saber se os conflitos são de ordem tal que alterem a defesa uniforme do material que precisa ser recalcado, a qual é facilmente compatível com os conflitos existentes no ego.

Dificuldades terapêuticas

Desde o começo a terapia psicanalítica tem incluído áreas cada vez mais amplas do distúrbio psíquico. Concebida a princípio apenas como um tratamento para a histeria, logo trouxe a neurose compulsiva para seu escopo e mostrou ser um dos métodos mais adequados para o tratamento dessa doença também. Freud e Abraham já haviam realizado experimentos terapêuticos com a melancolia e as condições cíclicas relacionadas, porém os resultados não foram verificados. Este é também o caso com os experimentos nos estágios iniciais da esquizofrenia. Na verdade, não há nenhuma referência na literatura psicanalítica sobre as possibilidades[65] de tratamento, nem de um possível sucesso já obtido, embora eventualmente haja menção nos círculos analíticos de que a possibilidade de influir nessa forma mais grave de doença

---

65. Recentemente, uma tentativa muito respeitada de explicar as precondições teóricas que permitiriam exercer alguma influência sobre a esquizofrenia é a de Wälder, "Über Mechanismen und Beeinflussungsmöglichkeiten der Psychosen", *Internationale Zeitschrift für Psychoanalyse* (1924) / "The Psychoses: Their Mechanisms and Accessibility to Influence" [As psicoses: seus mecanismos e acessibilidade à influência], *International Journal of Psycho-Analysis* (1925).

mental pela análise não deva ser descartada *a priori*. Em primeiro lugar, é preciso estabelecer com precisão as precondições de influência futura, sustentando o princípio psicanalítico básico de que só o que foi compreendido pode ser alterado. Essas precondições, porém, dificilmente se podem aprender com esquizofrênicos em estado avançado nas instituições. Por enquanto pelo menos, só são úteis os casos iniciais ou os que manifestam mecanismos esquizofrênicos típicos juntamente com posições de transferência neurótica sem de fato ser completamente esquizofrênicos, isto é, casos semelhantes ao da paciente com fantasias escatológicas. Além disso, visto que nossa incapacidade de influir na esquizofrenia deve-se não apenas à inaptidão de transferência do paciente, mas também a ideais imperfeitos do ego, precisamos estar dispostos a agarrar as oportunidades oferecidas pela análise de caracteres impulsivos, na medida em que são típicos, para explorar possibilidades e dificuldades terapêuticas.

"No homem maduro esconde-se uma criança que quer brincar." Essas palavras de Nietzsche anteciparam a clássica formulação de Freud dos conflitos neuróticos. Quando, na análise, lutamos para subjugar a "criança", isto é, os elementos infantis inconscientes que se opõem ao ajuste à realidade, apelamos para o "homem" do indivíduo. Nossos esforços terapêuticos estarão fadados ao fracasso se o homem não desejar lutar com a criança, mas serão coroados de êxito se ganharmos o homem para nossa causa, motivando-o a chegar a um acordo com a criança, quer para educá-la de novo, quer para lhe dar seu quinhão de liberdade controlada. Na neurose de transferência, a maior parte da personalidade logo se convence e se identifica com nossas intenções terapêuticas, porém, no caráter impulsivo, isso não acontece de forma alguma. Neste caso, o ego permaneceu mais ou menos infantil, e todas as dificuldades terapêuticas surgem dessa diferença psicológica estrutural.

Como típica dificuldade inicial, a consciência em relação à própria doença é falha ou ausente. Enquanto essa consciência motiva o neurótico sintomático a procurar tratamento e o incita, muito antes de ocorrer qualquer transferência, a se abrir para o analista, o caráter impulsivo no início do tratamento é totalmente inconsciente de sua doença fundamental. Contudo, mesmo na simples neurose de transferência, o reconhecimento da doença inicialmente diz respeito apenas aos sintomas perturbadores, enquanto os traços de caráter neurótico permanecem despercebidos. Ainda assim, os sintomas servem como ponto de entrada bem-vindo em relação ao material patogênico, e a posterior obtenção de uma consciência aumentada em relação à sua doença deixa de ser difícil. Como é diferente o caso do caráter impulsivo!

A atitude desses pacientes é predominantemente de desconfiança. Às vezes não se consegue de jeito nenhum convencê-los a falar. Se, na primeira sessão, for possível ganhar a confiança do paciente ficando do seu lado desde o começo e sem assumir em nenhum momento uma postura de antagonismo nem pregar sermão, logo se poderá decidir se a falta de consciência do paciente em relação à sua doença é de fato profunda, como, por exemplo, nos casos graves de esquizofrenia, ou se conflitos intensos, tangíveis, obrigaram-no a sustentar sua postura contra alguém mais forte por meio de ataques histéricos, xingos, acessos de loucura etc. Como o adversário não costuma ser o mais compreensivo e o mais condescendente dos dois e assume, isto sim, a atitude educadora de um cônjuge ou de um pai, e é em geral ele mesmo bem neurótico, a racionalização das condições predominantes foi capaz de se estabelecer com firmeza e seria um esforço inútil lutar contra ela. Em geral, só uma mudança de ambiente, isto é, a separação do antagonista, torna possível a análise. Isso não é, todavia, fácil de conseguir, principalmente com pessoas pobres.

A consciência dos fenômenos patológicos, sejam eles sintomas neuróticos, sejam traços de caráter, só pode existir se o ego se aliar a um superego que combate de forma incisiva e bem-sucedida a atividade impulsiva. Mas, se o superego se amolda às atitudes patológicas e permanece isolado, ou se o sintoma não apresenta de modo algum um caráter irracional, absurdo, haverá também falta de consciência. Por conseguinte, nossa paciente com fantasias escatológicas era incapaz de perceber a natureza de sua atitude para com a mãe porque seu superego havia sido emprestado do pai e se parecia com o superego dele. O superego da paciente masoquista-genital permanecera isolado do ego real ("Você tem que morrer de tanto se masturbar") e, conseqüentemente, também lhe faltava percepção de sua doença. Até se pode eventualmente encontrar uma percepção deficiente da doença em pacientes com sintomas histéricos circunscritos. Uma paciente com vômito histérico, estreitamente relacionado a conflitos reais graves com a cunhada, achava perfeitamente natural vomitar sempre que brigava.

O paciente pode reconhecer a doença de diversas maneiras. Uma possibilidade típica é a transferência intensa levar à identificação com o analista, transformando dessa forma moção pulsional não reconhecida numa ação tipicamente compulsiva. Quando nossa paciente masoquista-genital ficou consciente dos sentimentos de ódio profundamente recalcados para com sua mãe, parou de concretizar durante a masturbação a praga rogada pela mãe. A necessidade de masturbar-se então aflorou como sintoma tipicamente compulsivo, envolvendo sentimentos de culpa e condenação, bem como ataques de ansiedade caso tentasse reprimi-la. Nessa fase, cessaram as ações punitivas e os comentários contra os genitais, e ela começou a se masturbar com fantasias heterossexuais de coito e os sentimentos de culpa correspondentes. O velho ideal do ego na sua nova forma fazia a condenação.

A mudança de atitude para com o sintoma ficou até mais clara na paciente com fantasias escatológicas. Dadas as experiências infelizes em outros casos daquele tipo, evitei propositadamente uma conduta que pudesse de alguma maneira lembrá-la do pai ou da mãe. Naquele momento, recusei-me a proibir-lhe qualquer coisa e interferir ativamente em sua vida diária, o que só teria fortalecido uma ambivalência aguda e intransponível com relação a mim. Limitei-me, sem levar longe demais a análise (o que também era impossível, diga-se de passagem), a explicar que todas as suas ações se baseavam na vingança, que seus pais a haviam feito sofrer muito, que sua irmã mais velha (mais bonita) sempre fora favorecida e que, conseqüentemente, ela estava tentando se vingar "virando a casa de cabeça pra baixo". Assumi a postura de que ela de fato tinha motivos, mas estava se arruinando ao exigir justiça. De início, ela desenvolveu fortes reações de defesa contra mim. Mas aos poucos começou a prevalecer a transferência positiva, até que ela concordou em tentar se comportar com calma em casa. Embora mal conseguisse dar conta de fazer isso, a não ser com um autocontrole tremendo, a tentativa em si poderia ser considerada um progresso. Depois de catorze dias, voltou ao comportamento anterior. Então expliquei que, se ela não se acalmasse, seus pais a tirariam da análise (essa hipótese se justificava). Enquanto isso, a transferência havia-se tornado tão forte que ela começou a temer a interrupção do tratamento. Só então percebeu realmente seus impulsos sádicos com relação à mãe como uma compulsão, e que sofria com eles. Também começou a se dar conta da inutilidade de seu comportamento e, por iniciativa própria, relacionou corretamente aos seus impulsos sádicos os sentimentos de culpa originalmente ligados às fantasias escatológicas. A situação então ficou crítica, uma vez que, depois de impedir seu extravasamento sádico no mundo externo, ela começou a dirigi-lo contra si mesma e a querer suicidar-se.

Esse momento crítico parece característico desses casos depois do reconhecimento da doença. Descobri isso em dois outros casos também. Se o paciente reconhecer o caráter patológico de seu comportamento agressivo para com o ambiente e o relacionar corretamente aos sentimentos de culpa ativos (que nunca estão muito longe), brotarão impulsos suicidas. Nossa paciente acrescentou (textualmente): "Compreendo que parecer louca foi minha maneira de tentar ganhar a atenção e o respeito dos meus pais. Me sinto tão inferior [referindo-se à rivalidade com a irmã mais velha desde a infância]! Se me tirarem isso, o que me restará?" Durante um bom tempo, ela foi incapaz de passar sem esse ganho secundário.

A transformação do ideal do ego se efetua pela análise da relação objetal subjacente. Quando o objeto original é desvalorizado, em parte pelo processamento intelectual, mas principalmente pela nova ligação com o analista, remove-se a base dinâmica do antigo superego. A percepção da doença acontece nas seguintes fases, mais ou menos características:

1. Não há percepção. As reações patológicas estão em perfeito acordo com o superego efetivo, ou o isolamento do superego com relação ao ego possibilita uma submissão completa deste último às moções pulsionais.

2. Transferência positiva crescente. O analista torna-se o objeto da libido do paciente. Isso reprime o velho ideal para o nível objetal. Visto que a libido narcísica estava ligada ao velho ideal, agora converte-se em libido objetal. O novo objeto, o analista, pode funcionar como base de uma nova formação de superego, até que ele assuma o ponto de vista do princípio de realidade e explique que as atitudes não compreendidas até agora se opõem à realidade.

3. O reconhecimento efetivo da doença (percepção). Uma parte do novo objeto (o analista), que além de novo é fixado de forma completamente incestuosa, é introjetado, cons-

tituindo um novo ideal do ego. O velho objeto, completo com sua origem, é condenado. Só agora a análise pode realmente começar.

Na primeira fase, esses pacientes transferem imediatamente suas atitudes e agressões para a situação analítica, mas é principalmente o ódio, a desconfiança e a ambivalência que ameaçam transformar qualquer tentativa de análise numa ilusão. A desconfiança e a ambivalência são igualmente atributos típicos do neurótico compulsivo. Neste, no entanto, esses atributos só ganham eficácia na rejeição do analista, enquanto o paciente permanece, em geral, acessível à análise. No caráter impulsivo, tais atributos resultam em ações; o analista se torna um inimigo amargamente desprezado e podem ocorrer graves planos de assassiná-lo. A mulher discutida por último na seção que começa na página 71 elaborou planos meticulosos para me atacar na rua e me dar um tiro; ela até chegou a ir a uma loja de armas para comprar um revólver.

Quando as ações são ditadas pela necessidade de amor e não pelo ódio, elas também manifestam todas as características de ideal do ego deficiente. O paciente solicita amor de forma brusca, e o empenho do analista para lembrá-lo da natureza da transferência amorosa não é compreendido. Foi extremamente difícil evitar que minha paciente ninfomaníaca se despisse ou se masturbasse na análise. Outra paciente criou prontamente a esperança inabalável de que o analista teria um caso com ela e interrompeu o tratamento depois que recebeu a explicação clara de que isto nunca poderia acontecer. Um paciente que exigiu categoricamente ter relações homossexuais comigo ficou furioso quando recusado, atirou almofadas na parede, discutiu e foi muito difícil acalmá-lo. Formas de transferência desse tipo são inconcebíveis na neurose de transferência simples, em que a transferência se torna consciente apenas com indicações delicadas, enquanto os desejos sensuais devem ser ou pinçados dos sonhos ou imediatamente condenados no momento em que se tornam plenamente conscientes.

Como esses pacientes com inibição das pulsões costumam ter conflitos sérios e agudos com os pais ou substitutos parentais e quase sempre são indivíduos que sofreram decepções graves um sem-número de vezes, eles tentam compulsivamente trazer seus conflitos para a análise. Quando os neuróticos manifestam essas repetições compulsivas na análise, o analista pode evitar desapontá-los, dentro de limites razoáveis, sendo mais amistoso e prestativo do que o modo ao qual eles estão acostumados no seu ambiente. Mas o que fazer quando o paciente provoca situações que precipitam necessariamente a rejeição? A paciente ninfomaníaca, citada com tanta freqüência como caso típico, era especialista em me manipular e levar-me a ser rígido, e declarava muitas vezes que não queria terminar nossa sessão. Era inútil a persuasão educada. Só quando lhe dizia que seria tirada à força, ela ia realmente embora, muitas vezes chorando e gritando que eu era rígido demais, ninguém a amava, que havia sido repreendida e assim por diante. Ela sentia essa frustração de forma masoquista e se masturbava com as fantasias correspondentes. Outra paciente que, depois de muitos meses de esforços concentrados, consegui fazer perceber que era inconveniente e desobediente só porque queria que eu batesse nela, reconheceu depois candidamente que tivera consciência disso o tempo todo e só queria testar minha paciência como havia testado a de seu pai. Ela sentia prazer nas surras que ele lhe dava.

Quando estão presentes impulsos criminosos, deve-se empregar a proibição mais severa combinada com a ameaça de interromper o tratamento. Falando de maneira geral, deve-se trabalhar com uma transferência significativamente mais forte do que a habitual para reprimir de vez as ações.

Este Cila se opõe ao Caribdes da fixação, especialmente nos pacientes masoquistas, que muitas vezes não conseguimos mais resolver. Minhas experiências até agora mostraram que não se pode lidar com casos extremamente graves justamente por essa razão. Só a discussão diária de transferência, com forte ênfase na inutilidade da satisfação do desejo, pode de algum modo neutralizar isso[66]. Em casos mais brandos, a conversão para a fase três mencionada antes costuma ser muito bem-sucedida. Uma das maiores dificuldades é a incapacidade dos pacientes que permaneceram infantis de fazer associações na análise. Não podem ou não querem entender o que se pede deles[67]. O excesso de atuação (*act out*) também atrapalha os esforços associativos. Se, porém, eventualmente se conseguir capacitá-los a fazer livre-associação, e a memória finalmente começar a funcionar, encontrar-se-á uma nova dificuldade, como demonstra o exemplo a seguir.

Depois de mais de um ano de esforço analítico, consegui capacitar a paciente ninfomaníaca para o trabalho. Uma interrupção de seis semanas de férias trouxe a vantagem de um desmame parcial com relação ao médico. Os problemas de comportamento inadequado cederam e a rememoração do material recalcado progrediu bem durante três semanas; a paciente se lembrou de desejos incestuosos dos três aos quatro anos de idade que lhe haviam sido completamente apagados da memória. Pouco depois, seu pai, de oitenta anos e com demência senil, chegou a Viena. A paciente foi ficando incomodada, começou a se sentir cada vez mais culpada e

---

66. Em virtude dos resultados incompletos, ainda não é possível fazer um relato sobre os experimentos atuais para resolver essa fixação masoquista intensa através da interrupção sistemática do tratamento ("desmame do analista").

67. O modo com que alguns indivíduos impulsivos com deficiência intelectual perdem a debilidade depois que a unificação do ego se realiza com sucesso dá ensejo à hipótese de que as deficiências intelectuais também têm base psicológica.

fantasiou relações sexuais com ele. Por mais evidente que tenha sido esse fenômeno, em certa medida é típico de caracteres impulsivos graves: isto é, os desejos proibidos não são condenados depois de se tornarem conscientes, como costuma acontecer na neurose de transferência simples, mas, ao contrário, fazem pressão para ser liberados. A extensão em que isso acontece depende do grau de consolidação do ideal do ego obtido a essa altura.

Desse modo, a máxima teórica seria: em casos de ideais do ego imperfeitos, a análise do ego deve preceder qualquer outra coisa. No entanto, por mais satisfatória e mais compreensível que pareça uma máxima teórica obtida dessa forma, a situação prática é sempre mais complicada. Antes de tudo, não sabemos, por enquanto, que forma deve tomar essa assim chamada análise do ego, e duvidamos que possa ser separada do resto da análise[68], a menos que se faça uso de persuasão pesada, sem consideração das determinações e da associação. Sem influência e persuasão amáveis, é impossível tratar esses casos, pelo menos no começo. Uma intervenção instrutiva deve limpar o caminho para a análise verdadeira. Tornar autônoma essa fase introdutória, talvez chamá-la "psicagogia" e diferenciá-la da análise, significaria cair na armadilha do mais grosseiro erro de interpretação e apenas provaria uma falta essencial de conhecimento da dinâmica psíquica. Poder-se-ia objetar que eu mesmo reconheci que o desvendamento das pulsões recalcadas nesses casos resulta na necessidade de descarga motora e, portanto, a própria análise seria contra-indicada. Eu também intercederia de bom grado a

---

[68]. Os elementos teóricos de análise do ego (por exemplo, a análise das identificações, particularmente as do superego, análise do narcisismo etc.) são facilmente percebidos empiricamente, mas na prática não podem ser separados da análise da transferência da libido. Acima de tudo, a transferência da libido também é o veículo da análise do ego.

favor da instrução pura se tão-somente estivesse convencido de que ela poderia obter o que a análise não consegue. Os resultados produzidos em indivíduos associais pela instrução, conforme Aichhorn documentou, são extraordinários, porém em uma coisa esses indivíduos associais não são idênticos aos nossos caracteres impulsivos, ainda que de fato demonstrem muitas semelhanças. Em segundo lugar, nenhum analista e pouquíssimas instituições podem bancar a destruição de seu mobiliário para atender às necessidades de alívio afetivo. Em terceiro lugar, qualquer pessoa que tenha entrado em contato com esses indivíduos reconheceria que eles se distinguem principalmente pela incapacidade de ceder à persuasão, quer de forma temporária, quer permanente (má vontade!). Desse modo, mantenho que a intervenção instrutiva é sempre necessária para preparar o caminho para a análise posterior. A pergunta acerca de como evitar o afloramento de impulsos nocivos terá de permanecer sem resposta, uma vez que minha experiência não é suficiente para respondê-la satisfatoriamente. Em termos muito gerais, pode-se seguir a regra de que o material inconsciente deve ser descoberto lentamente e com extremo cuidado – ou mesmo retardado –, particularmente quando estão envolvidos mecanismos esquizofrênicos.

Infelizmente, o único meio concebível de neutralizar a atividade impulsiva socialmente perigosa é impossível hoje em dia; refiro-me a um tratamento institucional psicanalítico. Por enquanto, os hospitais para doentes mentais, com pouquíssimas exceções, não passam de instituições de detenção para a proteção da sociedade, instituições em que o indivíduo doente mental é completamente ignorado. Se rastrearmos o destino dos indivíduos depois da institucionalização, constataremos o seguinte: primeiro, interna-se o paciente por tentativa de suicídio, depois ele é solto, mas retorna mais cedo ou mais tarde. Aos poucos, forma-se uma estranha afinidade com a instituição. Seus impulsos vão se tornando cada vez mais prementes e mais perigosos, até que ele finalmente consegue suicidar-se ou é internado permanentemente como psicopata ou esquizofrênico.

A psicanálise conseguiu demonstrar o quanto o ambiente, a necessidade material, a falta de compreensão e a brutalidade por parte dos pais, uma infância cheia de conflitos e, certamente, as predisposições contribuem para formar indivíduos doentes e corrompidos. A espécie humana se protege deles com a detenção, que, por sua vez, nas atuais condições, tem efeito negativo. Se a consciência moral da espécie humana despertar algum dia, e se esta também lutar para consertar os danos e doenças causados por tantos de seus membros, certamente a psicanálise será a primeiríssima a ser chamada para cooperar no trabalho de libertação da infelicidade neurótica, quem sabe em circunstâncias mais favoráveis que as existentes hoje.